华文教育专业规划教材

经典诵读

三百篇

（第六册）

总主编　邵　宜
副总主编　蔡　丽
分册主编　田　蔚

编写人员（按姓氏音序排列）：
蔡　丽　常芳清　戴　薇　李卫涛
刘玉红　邵　宜　孙　英　田　蔚

暨南大學出版社
JINAN UNIVERSITY PRESS
中国·广州

图书在版编目（CIP）数据

经典诵读三百篇．第六册/邵宜总主编；蔡丽副总主编．—广州：暨南大学出版社，2022.12
华文教育专业规划教材
ISBN 978－7－5668－3427－0

Ⅰ.①经…　Ⅱ.①邵…②蔡…　Ⅲ.①中华文化—华文教育—教材　Ⅳ.①K203

中国版本图书馆 CIP 数据核字（2022）第 085423 号

经典诵读三百篇（第六册）
JINGDIAN SONGDU SANBAI PIAN（DI-LIU CE）
总主编：邵　宜　副总主编：蔡　丽

出 版 人：张晋升
策划编辑：杜小陆
责任编辑：康　蕊
责任校对：刘舜怡　郑作民
责任印制：周一丹　郑玉婷

出版发行：暨南大学出版社（511443）
电　　话：总编室（8620）37332601
营销部（8620）37332680　37332681　37332682　37332683
传　　真：（8620）37332660（办公室）　37332684（营销部）
网　　址：http：//www. jnupress. com
排　　版：广州良弓广告有限公司
印　　刷：广州市友盛彩印有限公司
开　　本：850mm×1168mm　1/16
印　　张：14. 25
字　　数：365 千
版　　次：2022 年 12 月第 1 版
印　　次：2022 年 12 月第 1 次
定　　价：58. 00 元

编写说明

为适应海外华文教育发展的需要，暨南大学于2005年在国内首开华文教育专业。该专业致力于培养具备华文教育的基本知识和专业技能，具有较强的汉语应用能力，熟悉中国文化，能从事华文教育、学校教学管理、汉语应用等方面工作的应用型人才。

“朔南暨，声教讫于四海。”华文教育专业的学生既是以汉语为第二语言的学习者，又是以汉语为教学语言的准教育工作者，他们对中华经典的学习能力不同于汉语母语者，而对中华经典的理解和掌握要求又高于普通的留学生。我们希望华文教育专业的毕业生能够承担海外华校各类日常教学工作，能够把中华优秀传统文化带到五湖四海。因此，我们在华文教育专业人才培养方案中设置了“经典诵读”这门课，该课程为实践训练类课程，通过连续六个学期每日早读的形式开展，旨在引导并要求本专业学生能够诵读中国文学和文化经典。本丛书正是暨南大学华文学院华文教育系面向华文教育专业“经典诵读”课程专门编写的。

本丛书共6册，每册编选50篇，总称“经典诵读三百篇”。选篇首先考虑满足华文教育专业教学实际需要，适合华文教育专业学生（含全日制、境外兼读制）诵读中华经典的需求，同时也可供海外有志于从事华文教育工作者修读研习。每册各设置基础篇（20篇）、巩固篇（20篇）、提高篇（10篇）三部分，以满足华文教育专业同一年级学生不同汉语水平的需要。

本丛书各册选篇均以背诵为主，兼顾朗读。“操千曲而后晓声，观千剑而后识器”，唯有通过大量的背诵和朗读，才能在训练汉语语音、语调的同时积累诗词曲赋，提升中华文学素养，进而逐步深化对中华文化的认识。背诵的篇目以韵文为主，包括儿歌、古诗词、短小的古文篇什等；朗读的篇目则主要包括较长的古诗、古文名篇以及现代诗歌、散文名篇等。其中，各册基础篇以适合背诵的篇目为主，选目多为绝句、儿歌、韵文、律诗；巩固篇是以背诵为主、朗诵为辅，选目多为律诗、古体诗、词、现代诗、现代散文等；提高篇是以朗诵为主、背诵为辅（主要是名段背诵），选目多为传统文化典籍、古代散文、现代文名篇的选文等。

本丛书选篇的主要原则如下：其一，注重中华文化传播的任务。突出正面引导，注重美好道德，强调现代意义。优选脍炙人口的名家名篇，注意古今搭配，注意题材、体裁、风格、朝代及作者的适度分布。其二，充分考虑学生的汉语水平、文化理解与接受能力。纵向来看，

1 ~6 册学习难度逐渐提升；横向而言，一册之内基础篇、巩固篇、提高篇难度也有所区别。其三，联系学习实际，注重海外华文教学对中华经典的需求。考虑该专业学生今后教学工作的需要以及主要教学群体的特点，除编选经典诗词、散文外，适当收入代表性儿歌、童谣、经典蒙学作品、儒家经典等。

本丛书注重学生的自主阅读能力培养。为了尽快培养学生良好的中文阅读习惯与能力，除在第一册基础篇的正文部分全部标写拼音之外，其余各处只为超纲词、易读错的多音字词标注拼音。在诵读的文本正文之后，为帮助学生理解和自主阅读，设置有“词语解释”“古诗（古词、古文）今译”“作者简介”“作品赏析”“经典名句”“诵读指引”等环节。这些环节讲求言简意赅，生动形象，突出重点。

本丛书探索互动参与式教材编写机制，全部配图均选自在试用阶段面向使用者征集的作品，由丛书编写团队挑选最能体现文意的作品作为教材出版时的配图，风格多元，以不同角度呈现作品的意境。同时，动态征集与作品配套的音频与视频作品，使教材同时成为使用者的展示平台，促进使用者与编写者的互动交流，促使使用者深度融入教材及作品，有利于教学效果的最大化实现。

“腹有诗书气自华”，通过三年的逐步积累，华文教育专业学生对三百篇中华文化经典了然于胸。我们希望使用本丛书的学习者能够在对中华经典的诵读过程中，谛听来自古人的智慧，愉悦自己的身心；期待诵读经典的学生能把中华文化和所在国文化融合起来，为促进中外文化交流、构建美好的人类命运共同体贡献自己的一份力量。

《经典诵读三百篇》编委会

2021 年 12 月

目录

经典诵读三百篇（第六册）

基础篇

巩固篇

提高篇

基础篇

竹里馆

J－1

（唐）王维

独坐幽篁（huáng）[1]里，
弹琴复长啸（xiào）[2]。
深林人不知，
明月来相照。

（绘图：2018 级印度尼西亚学生　洪安琪）

词语解释

[1] 幽篁：幽深的竹林。

［2］长啸：吟咏、歌唱。

古诗今译

独自坐在幽静的竹林里，一边弹着琴，一边唱着歌。没有人知道我在这幽深的竹林里，天上的明月却来照着我，与我做伴。

作者简介

王　维

字、号：字摩诘，号摩诘居士，世称“王右丞”

籍贯：太原祁（今山西祁县）

生卒年：约 701—761

身份：唐代诗人、尚书右丞

获荣誉称号：“诗佛”、唐代山水田园诗派代表

代表作：诗作《山居秋暝》《渭川田家》等；《王右丞集》

作品赏析

这首诗写诗人在山林里清静闲适的生活，通过对静、寂的体验表达了一种禅意。诗人独自坐在竹林里，一边弹琴，一边长啸，享受着竹林中的这份幽静。世间的人不了解他，诗人也不觉得有什么难过的，因为有天上的明月与他相伴。此时此刻，弹琴长啸的诗人、幽深的竹林、天上的明月，三者相遇，产生了人与天地永恒在一起的平和与安闲的感觉，平时心中所有的烦恼、牵挂都可以放下，万物皆空。王维的诗歌中常常会涌生这种禅趣，因此人们称他为“诗佛”。

经典名句

深林人不知，明月来相照。

诵读指引

这首诗写的是山林情趣，表现了一种清净闲适的生活意境。诵读时，整体节奏缓慢，注意适当停顿和语气变化，表现出一种洒脱淡然之感。

竹里馆

独坐/幽篁里，（语速平缓，“独”重读，平行语势）
弹琴/复长啸。（语速由快转慢，“长啸”延长声音，重读，上行语势）
深林/人不知，（语速稍快，平行语势）
明月/来相照。（语速渐缓，“来相照”重读，一字一顿，下行语势）

春夜洛城闻笛

J-2

（唐）李白

谁家玉笛暗飞声，
散(sàn)入春风满洛城。
此夜曲中闻折(zhé)柳[1]，
何人不起故园[2]情。

（绘图：2019 级印度尼西亚学生　黄美凤）

词语解释

[1] 折柳：指《折杨柳》的曲子，这首曲子表达了送别时的哀愁。
[2] 故园：家乡。

古诗今译

是谁吹奏起悠扬的笛声？随着春风传遍整个洛阳城。深夜听到《折杨柳》这首曲子，谁又能不生出思念故乡的感情呢？

作者简介

李　白

字、号：字太白，号青莲居士

籍贯：陇西成纪（今甘肃秦安）

生卒年：701—762

身份：唐代浪漫主义诗人

获荣誉称号：“诗仙”

代表作：《静夜思》《望庐山瀑布》《行路难三首》《蜀道难》《将进酒》等

作品赏析

这是一首思念故乡的作品。诗歌首句设问，“暗”字点明笛声不知是谁吹的，却打动了很多听众。第二句写笛声散入春风中，春风又传送着笛声。“满洛城”写出笛声的动听，似乎全城人都在听，同时衬出夜的安静。第三句关键词在“折柳”，既可能是《折杨柳》的曲子，也可能是折柳的思绪。第四句思乡之情溢于言表，“何人”指游子，那些离开家乡客居在洛阳的人都会思念自己的故乡吧？诗人因笛声而触发思乡之情，全诗紧扣“闻”字，抒情水到渠成。

经典名句

此夜曲中闻折柳，何人不起故园情。

诵读指引

诗人客居洛阳，夜深人静的时候听到笛声，勾起了他对故乡的思念。朗读时要注意语气和语势变化，传达出浓浓的思乡之情。

春夜/洛城/闻笛

谁家/玉笛/暗飞声，（语速缓慢，“谁”“暗”重读，“暗”低缓，整句读出疑问语气，上行语势）

散入/春风/满洛城。（语速稍快，“散”“满”重读，下行语势）

此夜/曲中/闻折柳，（语速平缓，“闻”重读，上行语势）

何人/不起/故园情。（语速缓慢，“故园情”重读，读出反问语气，平行语势）

绝句二首其一

J－3

（唐）杜甫

迟日[1]江山丽，
春风花草香。
泥融[2]飞燕子，
沙暖睡鸳(yuān)鸯(yāng)。

（绘图：2018 级马来西亚学生　林学瑾）

词语解释

［1］迟日：春天的日子慢慢变长。
［2］泥融：指泥土湿润。

古诗今译

初春时节，自然界的万物都显得格外秀丽，春风吹送着阵阵花草的芳香。春天的泥土湿润，燕子飞来飞去，忙着衔（xián）泥筑（zhù）巢（cháo），鸳鸯则懒洋洋地睡在暖和的沙土上。

作者简介

杜　甫

字、号：字子美，自号少陵野老，世称“杜少陵”“杜工部”

籍贯：河南巩县（今河南巩义）

生卒年：712—770

身份：曾任检校工部员外郎，唐代现实主义诗人

获荣誉称号：“诗圣”，与李白并称“李杜”，其诗作人称“诗史”

代表作：诗作《春望》《北征》等；“三吏”“三别”；《杜工部集》

作品赏析

这首诗是诗人住在成都时所作，全诗格调清新，意境明丽。前两句描写出初春的灿烂景色。首句描写春日阳光普照，自然万物秀丽的景色；次句描写春风、春花、春草，展现明媚的大好春光，第三句从动态景物来描写春天，燕子衔泥筑巢，一派生机勃勃的景象。最后一句写静睡的鸳鸯，与动态的燕子形成对照。整个画面动静结合，相映成趣。四句构成了一幅色彩明丽、生机勃勃、欣欣向荣的初春图，表现了诗人对初春的喜爱之情。

经典名句

泥融飞燕子，沙暖睡鸳鸯。

诵读指引

这是一首描写初春灿烂景色的诗歌。诵读时，整体节奏轻快，读出诗人面对初春时的喜悦之情。

绝句二首・其一

迟日/江山丽，（语速轻快，“丽”重读，上行语势）
春风/花草香。（语速平缓，“香”重读且声音延长，平行语势）
泥融/飞燕子，（语速加快，“飞”重读，上行语势）
沙暖/睡鸳鸯。（语速放缓，“暖”重读，平行语势）

绝句二首 其二

J－4

（唐）杜甫

江碧鸟逾（yú）[1]白，
山青花欲燃（rán）[2]。
今春看又过，
何日是归年。

（绘图：2020级泰国学生　杨紫夏）

词语解释

［1］逾：更加。
［2］燃：燃烧。

古诗今译

江水碧绿，把鸟儿的羽毛衬托得更加洁白。山色青翠，红艳艳的山花像要燃烧起来了一样。眼看这个春天就要过去了，我什么时候才能回归故乡呢？

作者简介

杜　甫

字、号：字子美，自号少陵野老，世称“杜少陵”“杜工部”

籍贯：河南巩县（今河南巩义）

生卒年：712—770

身份：曾任检校工部员外郎，唐代现实主义诗人

获荣誉称号：“诗圣”，与李白并称“李杜”，其诗作人称“诗史”

代表作：诗作《春望》《北征》等；“三吏”“三别”；《杜工部集》

作品赏析

这首诗前两句写景，描绘了一幅色彩绚丽的春光图。第一句“逾”字突出江鸟羽毛的洁白。第二句“欲”字把山花拟人化了，“欲燃”凸显了山花的红艳。后两句触景生情，眼看

这明丽的春天就要过去了，诗人却迟迟不能回到家乡，思乡之情油然而生。诗歌寓情于景，以乐景写哀情，情景交融，思乡愁绪一涌而出。

经典名句

江碧鸟逾白，山青花欲燃。

诵读指引

这是一首借景抒情之作。诗人首先描写色彩绚丽的春光，转而写美好春光将要逝去，自己却还不能回到家乡，从而表达思乡之情。诵读时，要注意通过语气、语势的变化，读出诗人情感的变化。

绝句二首·其二

江碧/鸟逾白，（语速轻快，“逾”重读，上行语势）
山青/花欲燃。（“欲”重读，平行语势）
今春/看又过，（语速加快，平行语势）
何日/是归年。（语速缓慢，读出疑问语气）

过华（huá）清宫绝句三首其一

J－5

（唐）杜牧

长安回望绣（xiù）[1]成堆，
山顶千门[2]次第[3]开。
一骑（jì）[4]红尘[5]妃（fēi）子笑，
无人知是荔（lì）枝来。

（绘图：2017级泰国学生　苏佩英）

词语解释

[1] 绣：指骊山两旁的东绣岭和西绣岭。

［2］千门：形容宫殿门户众多。
［3］次第：依次。
［4］一骑：一人一马。
［5］红尘：尘土飞扬。

古诗今译

从长安城回望骊山，锦绣团团，山顶华清宫的宫门依次打开。一名专使骑着驿马疾驰而过，扬起滚滚尘土，妃子嫣然一笑，没有人知道原来是南方新鲜的荔枝送过来了。

作者简介

杜　牧

字、号：字牧之，号樊川居士，后世又称他为“杜樊川”

籍贯：京兆万年（今陕西西安）

生卒年：803—852

身份：唐代诗人

获荣誉称号：创晚唐诗歌高峰，与李商隐合称“小李杜”

代表作：《赤壁》《过华清宫绝句三首》《泊秦淮》《清明》《江南春》等

作品赏析

此诗披露了唐玄宗和杨贵妃奢侈的生活。首句写唐玄宗为杨贵妃建造的华清宫所处的地理位置——骊山的景色。“绣成堆”写出骊山美景，团团锦绣。次句写平常关着的宫门依次都打开了，侧面写出宫廷建造的奢华。第三句营造出紧张又神秘的气氛。“一骑”风驰电掣（chè）地赶回来，扬起滚滚尘土。妃子嫣然一笑，不知为何。这些都是诗人留下的悬念。最后一句揭示原因——送荔枝，“千门开”“一骑来”“妃子笑”都是因“荔枝来”。“无人知”并非真的没有人知道，至少“一骑”知道，“妃子”知道，皇帝也知道，只是普通人想不到。这样写衬托出皇帝为讨妃子欢心而无所不为的荒唐。

经典名句

一骑红尘妃子笑，无人知是荔枝来。

诵读指引

这是一首咏史诗，披露了唐玄宗和杨贵妃骄奢淫逸的生活。诵读时，通过前三句的铺排，表现出荒唐之感。

过/华清宫/绝句三首·其一

长安/回望/绣成堆，（语速平缓，“绣成堆”重读，平行语势）
山顶/千门/次第开。（语速平缓，“次第开”重读，声音适当延长，平行语势）
一骑/红尘/妃子笑，（语速加快，“笑”重读，上行语势）
无人/知是/荔枝来。（“无人知是”快读，“荔枝来”重读，语速渐缓，一字一顿，声音延长，平行语势）

寒食

J-6

hóng
（唐）韩翃

春城[1]无处不飞花[2]，

yù xiá
寒食[3]东风御柳[4]斜。

là zhú
日暮汉宫[5]传蜡烛[6]，

sàn
轻烟散入五侯[7]家。

（绘图：2017级泰国学生　苏佩英）

词语解释

［1］春城：春天的长安城。

［2］飞花：指柳絮（xù）。

［3］寒食：指寒食节，古代在清明节前两天。过去在寒食节期间不能生火做饭，只能吃冷食。

［4］御柳：皇城中的柳树。

［5］汉宫：这里指唐代的皇宫。

［6］传蜡烛：传赐新火。寒食节禁火，但权贵宠臣会得到皇帝恩赐的新火。

［7］五侯：原指东汉时在同一天被皇帝封侯的五个贵戚，这里泛指王侯贵族。

古诗今译

暮春时节的长安城到处都是春花飘落，柳絮飞扬，寒食节连皇城的杨柳也随风飞舞。傍晚时分皇宫传送着蜡烛，权贵宠臣的家里已飘散出袅袅轻烟。

作者简介

韩　翃

字、号：字君平

籍贯：南阳（今河南南阳）

生卒年：不详

身份：唐代诗人

获荣誉称号：“大历十才子”之一

代表作：《寒食》《宿石邑山中》《章台柳·寄柳氏》等

作品赏析

这首诗前两句写景。首句用双重否定“无处不”来强调全城都是春意浓浓，“飞花”暗指暮春，“飞”暗指有风。第二句写春风吹遍全城，皇宫的杨柳也随风飘动，“斜”也间接写风。后两句借汉朝皇帝宠幸贵戚、一日之内分封五位贵戚的故事，巧妙地借古喻今，当全国禁火之时，皇宫却在传赐新火给恩宠的大臣们，暗暗地讽刺了唐朝宦官专权的腐败现象。

经典名句

日暮汉宫传蜡烛，轻烟散入五侯家。

诵读指引

《寒食》是一首七言绝句，第一、二、四句句尾“花”“斜”“家”押韵，通过语气、语调和节奏的变化，表现出情感的变化，达到讽刺的效果。

寒食

春城/无处/不飞花，（语速缓慢，“无处”重读，上行语势）
寒食/东风/御柳斜。（语速缓慢，“斜”重读，下行语势）
日暮/汉宫/传蜡烛，（语速稍快，上行语势）
轻烟/散入/五侯家。（语速渐缓，“五侯家”重读且声音延长，下行语势）

宿新市徐公店

J－7

（宋）杨万里

篱落[1]疏疏[2]一径[3]深，
树头新绿未成阴[4]。
儿童急走[5]追黄蝶，
飞入菜花无处寻。

（绘图：2018级柬埔寨学生　王淑丽）

词语解释

［1］篱落：篱笆。
［2］疏疏：稀疏。

［3］径：小路。

［4］阴：现作“荫”，指树荫。

［5］走：跑。

古诗今译

一条小路长长地伸向远方，路旁的篱笆稀稀疏疏。树上刚刚长出新的绿叶，树叶还没长成茂密的树荫。小孩子飞跑着追赶黄色的蝴蝶，可蝴蝶飞进黄色的菜花丛中就再也找不到了。

作者简介

杨万里

字、号：字廷秀，号诚斋

籍贯：吉州吉水（今属江西）

生卒年：1127—1206

身份：官至宝谟阁直学士，封庐陵郡开国侯，宋代诗人

获荣誉称号：与陆游、范成大、尤袤并称“中兴四大诗人”；其诗自成一体，称“诚斋体”

代表作：《小池》等

作品赏析

这首诗描写出春意盎然、宁静清新的农村田园风光。前两句是静态的景物描写，表现出宁静清新的农村风景。首句写篱笆稀疏、小路长长；次句写树上刚长出绿叶子，还没长成浓密的树荫。后两句是动态的描写，“急走”和“追”写出儿童天真欢快的捕蝶场景。最后蝴蝶飞入黄色的花海里，儿童无处可寻，更凸显儿童的天真。全诗动静结合，情景交融，表达出诗人对闲适有趣的田园生活的热爱。

经典名句

儿童急走追黄蝶，飞入菜花无处寻。

诵读指引

这是一首春意盎然的田园诗，诵读时整体节奏轻快，充满童趣，传达出对田园生活的热爱。

宿/新市/徐公店

篱落/疏疏/一径深，（语速平缓，“疏疏”“深”重读，“深”声音延长，平行语势）
树头/新绿/未成阴。（语速稍缓，“新绿”重读，声高气短，平行语势）
儿童/急走/追黄蝶，（语速稍快，“急走”“追”重读，上行语势）
飞入/菜花/无处寻。（语速渐缓，“飞入”“寻”重读，“无处寻”声音延长，平行语势）

石灰吟

J-8

(明) 于谦

千锤(chuí)万凿(záo)[1]出深山，
烈火焚(fén)[2]烧若等闲[3]。
粉身碎骨浑(hún)[4]不怕，
要留清白在人间。

(绘图：2019级印度尼西亚学生 黄美凤)

词语解释

［1］千锤万凿：反复地捶打开凿。“千”“万”形容次数很多。

［2］焚：烧。

［3］若等闲：像平常一样轻松。

［4］浑：全。

古诗今译

石灰要经过千锤万凿才运出深山，烈火焚烧对它来讲也是很平常的事情。即使粉身碎骨也在所不惜，只为能把清白的节操留在人世间。

作者简介

于　谦

字、号：字廷益，号节庵

籍贯：钱塘（今浙江杭州）

生卒年：1398—1457

身份：明代政治家、文学家

获荣誉称号：官至少保，世称“于少保”；民族英雄，与岳飞、张煌言并称“西湖三杰”

代表作：诗作《石灰吟》；诗集《于忠肃集》

作品赏析

这是一首托物言志诗，《石灰吟》是诗人光明磊落的生平和高尚纯洁的人格的真实写照。

诗人用石灰作比喻，表达了报效国家、为国牺牲的志向。前两句写石灰经过千锤万凿和烈火焚烧，都把这些当作很平常的事情，象征有志之士不惧考验，从容不迫。第三句写石灰不怕粉身碎骨，象征仁人志士不怕牺牲的精神。最后一句直抒胸臆，石灰保持洁白的颜色，喻指有志之士要保持纯洁清白的品格。

经典名句

粉身碎骨浑不怕，要留清白在人间。

诵读指引

这是一首托物言志诗，诵读时语气坚定，声高气足，感情充沛，表达出不怕牺牲、英勇无畏的品格。

石灰吟

千锤/万凿/出深山，（语速缓慢，“千锤万凿”重读，平行语势）
烈火/焚烧/若等闲。（语速平缓，语气坚定，“若等闲”重读，平行语势）
粉身/碎骨/浑不怕，（语速稍快，语气坚定，上行语势）
要留/清白/在人间。（语速转慢，“清白”重读，“在人间”声音延长，平行语势）

己亥杂诗其五

J－9

（清）龚自珍

浩荡离愁白日斜[1]，
吟鞭[2]东指即天涯。
落红[3]不是无情物，
化作春泥更护花。

（绘图：2020 级泰国学生　杨紫夏）

词语解释

［1］斜：西斜。
［2］吟鞭：马鞭。
［3］落红：落花。

古诗今译

离别京城的愁思浩浩荡荡，随着日落西斜不断延伸。挥起马鞭，向东出发，即将奔向天涯。枝头掉落的花朵并不是无情之物，它将变作春天的泥土，更好地滋养花儿的成长。

作者简介

龚自珍

字、号：字璱（sè）人，号定庵（ān）

籍贯：仁和（今浙江杭州）

生卒年：1792—1841

身份：清代思想家、诗人、文学家

获荣誉称号：被柳亚子誉为“三百年来第一流”

代表作：《己亥杂诗》315 首；《定庵文集》

作品赏析

这首诗是诗人于1839 年（己亥年）辞官回乡所作，表达了诗人报效国家和献身改革的决心和理想。诗首句写离愁，官场黑暗，离别时诗人心绪不宁，愁思浩荡如水波，加之“白日斜”更添愁绪。次句写挣脱官场的喜悦和豪迈。诗人希望离开京城，回到家乡，开创一片新的天地。离愁和喜悦交织在一起，互相映衬。后两句由写离愁别绪转而抒发报国之志，用“落红”对“花”的培育，比喻自己虽离开京城和官场，但仍关心国家命运、愿意报效国家的志向，这两句也成为后世传诵的名句。

经典名句

落红不是无情物，化作春泥更护花。

诵读指引

这首诗写于诗人辞官回乡之时，前两句表达诗人对官场的厌恶，对自由的向往；后两句转而写诗人愿意报效国家的志向。第一、二、四句句尾“斜”“涯”“花”押韵，诵读时，通过语气、语调的变化表达出情感的变化。

己亥/杂诗·其五

浩荡/离愁/白日斜，（语速缓慢，“浩荡”重读且声音延长，斜”重读，下行语势）
吟鞭/东指/即天涯。（语速转快，“涯”重读，上行语势）
落红/不是/无情物，（语速稍快，上行语势）
化作/春泥/更护花。（语速放缓，“更护花”重读且声音延长，平行语势）

佳人曲

J－10

（汉）李延年

北方有佳人，绝世[1]而独立。

一顾[2]倾(qīng)人城[3]，再顾倾人国[4]。

宁(nìng)不知[5]倾城与倾国？佳人难再得。

（绘图：2018级泰国学生　冯雪）

词语解释

［1］绝世：冠绝当时，举世无双。

［2］顾：回头看。

［3］倾人城：令士卒弃械、墙垣（yuán）失守。形容女子的容貌极美。

［4］倾人国：使国家灭亡。原指因女色而亡国，后多形容女子容貌极美。

［5］宁不知：怎么不知道。

古诗今译

北方有一位美人，风姿独特，远离尘世，独自站在那里。她只要对守城的将士看上一眼，就可以让将士放下武器、放弃抵抗；她只要对国家的君王看上一眼，君王就会因迷恋她而忘记自己的国家，从而使国家灭亡。难道将士和君王都不知道爱慕这美貌的女子会引起军事政治上的失败吗？（其实他们知道啊）但是因为这么美丽的女子世间少有，一旦错过就难以再得到啊！

作者简介

李延年

字、号：中山（今河北定州）

籍贯：陈郡项人（今河南沈丘）

生卒年：生年不详—前101

身份：汉代乐官

代表作：《佳人曲》

作品赏析

汉武帝的后宫美人众多，但最为宠幸的就是能歌善舞的李夫人。而李夫人之所以青史留名，很大程度上是因为她哥哥李延年给汉武帝唱了这首《佳人曲》，也叫《李延年歌》。这首诗歌篇幅虽短小，但选取的角度很巧妙，通过写佳人“一顾”“再顾”所引发的后果“倾人城”“倾人国”来表现佳人的美，不禁让人对这位“佳人”产生了无尽的想象，也让雄才大略的汉武帝闻之而动心，立刻生出一见伊人的向往之情。这就是诗歌以简胜繁、以虚生实的绝佳例证。

经典名句

一顾倾人城，再顾倾人国。

诵读指引

这首汉乐府古诗语言简单直白，但感情明亮强烈。在朗读的时候，要注意重读和停顿。

佳人曲

北方/有/佳人，绝世/而/独立。(语速平缓，读出欣赏之情)

一顾/倾人城，再顾/倾人国。(“倾人城”“倾人国”重读且声音延长，读出惊艳之感)

宁不知/倾城/与倾国？佳人/难再得。(“宁不知”重读，读出反问语气，“难再得”重读且声音延长)

短歌行

J－11

（汉）曹操

（绘图：2018 级印度尼西亚学生　李连美）

对酒当(dāng)歌[1]，人生几何[2]？譬(pì)如朝(zhāo)露，去日苦多[3]。

慨(kǎi)当以慷(kāng)[4]，忧思难忘。何以解忧？唯有杜康[5]。

青青子衿(jīn)，悠悠我心[6]。但为君故，沉吟[7]至今。

呦(yōu)呦[8]鹿鸣，食野之苹[9]。我有嘉宾，鼓[10]瑟(sè)吹笙(shēng)。

明明如月，何时可掇(chuò)[11]？忧从中来，不可断绝。

越陌度阡(qiān)[12]，枉用相存[13]。契(qì)阔[14]谈讌(yàn)[15]，心念旧恩。

月明星稀，乌鹊南飞。绕树三匝(zā)[16]，何枝可依？

山不厌[17]高，海不厌深。周公吐哺(bǔ)[18]，天下归心。

词语解释

［1］对酒当歌：一边喝着酒，一边唱着歌。当：对着，一说是应当的意思。

［2］几何：多少。

［3］去日苦多：过去了的日子已经很多。

［4］慨当以慷：因不能实现自己的理想而产生的不平静的心情。

［5］杜康：相传是最早造酒的人，这里代指酒。

［6］青青子衿，悠悠我心：二句出自《诗经·郑风·子衿》，原诗表达的是姑娘思念自己的情人，这里用来比喻渴望得到贤才。衿：衣领。青衿是周代读书人的服装，这里指有学识的人。悠悠：长久的样子，形容思虑连绵不断。

［7］沉吟：沉思吟味，这里指对贤人的思念整日萦绕在心头。

［8］呦呦：鹿叫的声音。

［9］苹(hāo)：艾蒿。

［10］鼓：弹。

［11］辍：停止。一说“掇”，拾取的意思。

［12］越陌度阡：穿过纵横交错的小路，指客人远道来访。陌：东西向的小路。阡：南北向的小路。

［13］枉用相存：委屈对方前来问候，这是一种表示尊敬的说法。枉：屈驾。用：以。存：问候。

［14］契阔：“契”是投合，“阔”是疏远，这里是偏义复词，偏用“契”的意义。

［15］讌：通“宴”，宴饮。

［16］三匝：三周。匝：周、圈。

［17］厌：满足。

［18］哺：口中正在吃的食物。周公忙于接待天下贤才，曾经“一沐三握发，一饭三吐哺”，吃饭都没有时间。这两句以周公自比，表明求贤的渴望。

古诗今译

一边喝酒一边唱歌，感慨人生还留有多少时间呢？就像是早上的露水，消失得那么快那么多。在酒席上慷慨唱歌，是因为心里有沉重的忧思。靠什么才能排解这些忧思？只有喝酒才能忘却烦扰吧。那些身着青色衣领的学子们啊，可知我长久渴望贤才的心情？只是为了得到你们这样的人才，我一直思来想去。鹿群在呦呦地鸣叫，在啃食地里的野草。如果四方贤才都能成为我的贵宾，我一定会弹着瑟吹着笙表示欢庆。如此明亮的月光啊，何时可以停止？我内心的忧虑，也好像从来无法断绝。远方的宾客会越过田间小路，一个个屈驾前来探望我。朋友们久别重逢谈心宴饮，争着把往日的情谊来诉说。月光明亮，星星稀少，一群乌鹊向南飞去。绕树飞了三周（却没有停留下来），哪根树枝才是它们的栖身之地？高山从不会满足于自己的高度，大海从不会满足于自己的深度，我也愿像周公一样礼贤下士，愿天下都能真心归顺于我。

作者简介

曹　操

字、号：字孟德

籍贯：沛国谯县（今安徽亳州）

生卒年：155—220

身份：汉代政治家、军事家、文学家

获荣誉称号：与其子曹丕、曹植合称为“三曹”，是建安文学的代表

代表作：诗歌《观沧海》《龟虽寿》《短歌行》；《魏武帝集》等

作品赏析

曹操的这首《短歌行》主要是表达自己的政治理想，表示自己求贤若渴的心情。诗人并没有空洞地表达政治理念，而是将治理天下的凌云壮志完全熔铸在浓郁、强烈的抒情意境之中。全诗充分发挥了诗歌的特长，准确而巧妙地运用了比兴手法，借“朝露”来表达时间的紧迫，“明月”来表示宽广的胸怀，“嘉宾”来传达对有才之人的渴慕。全诗寓情于景，达到寓理于情、以情感人的目的。诗歌语言庄重典雅，境界开阔，感情充沛，全面展现了曹操的人格、学养、抱负、理想以及豪迈壮阔的风格。

经典名句

对酒当歌，人生几何？譬如朝露，去日苦多。

诵读指引

这首四言古诗借景抒情、意境壮阔，诗歌典故丰富，充满政治抱负，蕴含了丰富的哲理。在诵读时整体节奏要慢，节奏要清晰明确，注意通过适当的停顿和语势的起伏变化，表达出豪迈的感觉。

短歌行

对酒/当歌，人生/几何？（语气平缓，节奏清晰，语速较慢）
譬如/朝露，去日/苦多。（前半句上行语势，后半句下行语势）
慨当/以慷，忧思/难忘。（下行语势，“忧思”两字声音拉长）
何以/解忧？唯有/杜康。（前半句上行语势，后半句下行语势）
青青/子衿，悠悠/我心。（语气平缓，较为平静）
但为/君故，沉吟/至今。（下行语势，“沉吟”两字声音拉长，“至今”重读）
呦呦/鹿鸣，食野/之苹。（语气平缓，较为平静）
我有/嘉宾，鼓瑟/吹笙。（语速稍快，后半句上行语势）
明明/如月，何时/可辍？（前半句上行语势，后半句下行语势）
忧从/中来，不可/断绝。（全句下行语势）
越陌/度阡，枉用/相存。（语气平缓，较为平静）
契阔/谈讌，心念/旧恩。（前半句上行语势，后半句下行语势，“旧恩”重读）
月明/星稀，乌鹊/南飞。（全句平行语势）
绕树/三匝，何枝/可依？（前半句平行语势，后半句下行语势）
山/不厌/高，海/不厌/深。（强调“山”“高”“海”“深”）
周公/吐哺，天下/归心。（后半句语速放缓，表达出豪迈的感觉）

子夜吴歌[1]·秋歌

J－12

（唐）李白

长安一片月[2]，万户捣（dǎo）衣[3]声。
秋风吹不尽[4]，总是玉关[5]情。
何日平胡虏（lǔ）[6]，良人[7]罢[8]远征。

（绘图：2018 级印度尼西亚学生　李连美）

词语解释

［1］子夜吴歌：六朝乐府的吴声曲，李白沿用此乐府旧题创作了新词。
［2］一片月：一片皎洁的月光。

［3］捣衣：古时妇女将布帛衣料放在石板上捶打松软，以方便制衣。秋天正是赶制冬衣的时候，妇女们一边捣衣，一边想起了还在远方守边的丈夫。

［4］吹不尽：吹不散。

［5］玉关：即玉门关，故址在今甘肃敦煌，此处代指军人守边的地方。

［6］平胡虏：平定侵扰边境的敌人。

［7］良人：丈夫。

［8］罢：结束。

古诗今译

长安城上一片明月，家家户户都传来捶打衣服的捣衣声。秋风吹啊吹，吹不散的是妇女对守卫玉门关的丈夫的思念。什么时候扫平侵犯的敌人，丈夫就能停止征战远方。

作者简介

李　白

字、号：字太白，号青莲居士

籍贯：陇西成纪（今甘肃秦安）

生卒年：701—762

身份：唐代浪漫主义诗人

获荣誉称号：“诗仙”

代表作：《静夜思》《望庐山瀑布》《行路难三首》《蜀道难》《将进酒》等

作品赏析

乐府古辞《子夜吴歌》原为每首四句，内容多写女子思念情人的哀怨，作六句是诗人李白的独造，用以写思念征夫的情绪，更具有时代之新意。《子夜吴歌·秋歌》全诗写妻子在秋天的夜晚，一边捣衣服赶制冬衣，一边思念保卫边关的丈夫，更加希望早日结束战争，丈夫免于离家远征。诗歌先景后情，但始终情景交融。这一首诗与李白一向的直抒胸臆不同，含蓄内敛，意在言外。虽未直写爱情，但字字渗透着真挚情意；虽没有高谈时局，但又不离时局。

经典名句

长安一片月，万户捣衣声。

诵读指引

这首五言古诗具有乐府古辞的特点，在浅白的字句中，蕴含了丰富的情感。在诵读时整体节奏要慢，注意通过适当的停顿和语势的起伏变化，表达出若有所思、有所顿悟的感觉。

子夜吴歌·秋歌

长安/一片月，万户/捣衣声。（语调平缓，“一片”“万户”重读，形成对比）
秋风/吹不尽，总是/玉关情。（“玉关情”声音延长，读出无尽的思念、担忧之情）
何日/平胡虏，良人/罢远征。（读出疑问语气，“罢”重读，表达出对战争平息的期盼）

将(qiāng)进酒[1]

J－13

（唐）李白

君不见黄河之水天上来[2]，奔流到海不复回。

君不见高堂[3]明镜悲白发，朝(zhāo)如青丝[4]暮成雪。

人生得意[5]须尽欢，莫使金樽[6]空对月。

天生我材必有用，千金散尽还(huán)复来。

烹(pēng)羊宰(zǎi)牛且为(wéi)乐，会须[7]一饮三百杯。

岑(cén)夫子，丹丘生[8]，将进酒，杯莫停。

与君[9]歌一曲，请君为我倾耳听[10]。

钟鼓[11]馔(zhuàn)玉[12]不足贵，但愿长醉不复醒[13]。

古来圣贤皆寂寞，惟有饮者留其名。

陈王[14]昔时宴平乐(lè)[15]，斗(dǒu)酒十千恣(zì)[16]欢谑(xuè)[17]。

主人何为言少钱[18]，径(jìng)须[19]沽(gū)[20]取对君酌(zhuó)。

五花马[21]，千金裘(qiú)，

呼儿将(jiāng)出换美酒，与尔[22]同销万古愁。

（绘图：2018 级印度尼西亚学生　黄碧素）

词语解释

［1］将进酒：请饮酒。将：请。
［2］天上来：黄河发源地在青海，因为那里地势极高，所以常被人夸张地称为“天上”。
［3］高堂：指房屋的正室厅堂。此处指端坐在正堂的长者。
［4］青丝：形容柔软的黑发。
［5］得意：兴致很高的时候。
［6］樽：杯子。
［7］会须：应该。
［8］岑夫子：岑勋。丹丘生：元丹丘。二人均为李白的好友。
［9］与君：为你们。君：指岑、元二人。
［10］倾耳听：一作“侧耳听”。
［11］钟鼓：富贵人家宴会中奏乐使用的乐器。
［12］馔玉：形容食物如玉一样精美。
［13］不复醒：不想醒过来。
［14］陈王：指陈思王曹植。
［15］平乐：观名，在洛阳西门外，为汉代富豪显贵的娱乐场所。
［16］恣：纵情任意。
［17］谑：戏谑。
［18］言少钱：说不够钱。一作“言钱少”。
［19］径须：干脆，只管。
［20］沽：通“酤”，买。

［21］五花马：指名贵的马。一说毛色作五花纹，一说颈上长毛修剪成五瓣。

［22］尔：你。

古诗今译

您没看见黄河的水从天上倾泻而下，一路奔向大海不再回来？您没看见长辈对着明镜悲叹自己满头的白发，早上还是黑色晚上就变得雪白？人生得意的时候一定要尽情享受欢乐，不要让金杯空着辜负了皎洁的明月。每一个人都有上天赋予的才能，都是可用之才，所有的黄金散尽了还会再回来。煮羊宰牛，开心地享受美味，应该喝三百杯也不要嫌多。岑夫子、丹丘生，快喝酒啊，手里的杯子不要停下来。我为在座的各位朋友高歌一曲，请你们一定要侧耳仔细听：音乐美食这样的富贵并不算什么，我只愿永远沉醉在饮酒中不愿醒来。自古以来所谓的圣者仁人早就消失无闻了，只有那能喝酒的人才留下了美名。当年陈思王曹植在平乐观大摆酒宴，一斗美酒值万钱他们也尽情欢乐畅饮。店主人为什么说钱已经不多了，你尽管拿出酒来让我陪朋友们喝。名贵的五花马、千金的皮大衣，快叫侍儿全部拿去换美酒，与你一起喝酒，浇灭我心中常存的万古忧愁。

作者简介

李　白

字、号：字太白，号青莲居士

籍贯：陇西成纪（今甘肃秦安）

生卒年：701—762

身份：唐代浪漫主义诗人

获荣誉称号：“诗仙”

代表作：《静夜思》《望庐山瀑布》《行路难三首》《蜀道难》《将进酒》等

作品赏析

《将进酒》篇幅不短也不算长，却错落有致，气象万千。开篇就在时间和空间上极尽壮阔，情感有悲有狂，语言豪迈又沉着，收放自如。这首诗非常形象地表现了李白桀骜不驯的性格：一方面对自己充满自信，相信“天生我材必有用”；另一方面，在政治前途出现波折后，又情绪化地流露出放纵之意。在这首诗里，李白沿袭了庄子的乐生哲学，表达了对富贵、圣贤的藐视，又表达出对短暂人生的热爱和珍惜。诗篇气势豪迈，大量使用夸张的手法，比如诗中屡用巨大的数量词（“千金”“三百杯”“斗酒十千”“千金裘”“万古愁”等）来表现豪迈情怀，同时又不给人空洞浮夸感，因为外在物品的描绘与真实潜在的情感是一一对应的。此外，全篇大起大落，多次转折，开篇由悲转乐，然后转狂放，转激愤，再转狂放，最后结束于“万古愁”，与篇首相呼应。

在语言上，通篇以七言为主，但格式上不拘泥，中间常而以三、五、十言句“破”之，极尽参差错落之致；诗句以散行为主，又以短小的对仗语点染（如“岑夫子，丹丘生”“五花马，千金裘”），节奏稳中有变，气势奔放，语言流畅，具有很强的感染力。

经典名句

人生得意须尽欢，莫使金樽空对月。
天生我材必有用，千金散尽还复来。

诵读指引

诵读本诗时注意情感基调的把握，气势磅礴，慷慨生悲。语速须根据诗意调整，时缓时急，读出跌宕起伏之感。节奏如下：

将进酒

君不见黄河之水/天上来，奔流到海/不复回。（起调略高，意境开阔，“天上来”“不复回”重读，气势豪迈）

君不见高堂明镜/悲白发，朝如青丝/暮成雪。（“悲”重读，读出悲伤之感，“朝”“暮”重读，形成对比）

人生得意/须尽欢，莫使金樽/空对月。（上行语势，“须”“空”重读，读出洒脱得意之感）

天生我材/必有用，千金散尽/还复来。（语气坚定，语速适当加快，“必”“还复来”重读，字字读得高亢，饱含自信）

烹羊宰牛/且为乐，会须/一饮/三百杯。（“三百杯”重读，读出尽情豪饮之欢畅）

岑夫子，丹丘生，将进酒，杯莫停。（“将”“莫”重读，读出劝说的意味）

与君/歌一曲，请君为我/倾耳听。（语调平缓，“倾耳听”重读，平行语势）

钟鼓馔玉/不足贵，但愿长醉/不复醒。（“不足贵”“不复醒”重读，表达对富贵的不屑）

古来圣贤/皆寂寞，惟有饮者/留其名。（前句呈上行语势，后句呈下行语势，形成对比，“皆”“饮者”重读）

陈王昔时/宴平乐，斗酒十千/恣欢谑。（“十千”重读，“恣欢谑”声音延长）

主人何为/言少钱，径须沽取/对君酌。（前句读出质疑的语气，后句读出要求之意）

五花马，千金裘，（读出对这些富贵之物的不屑）

呼儿将出/换美酒，与尔同销/万古愁。（“换”“同销”重读，“万古愁”声音延长，读出一醉解千愁之意）

渡荆门送别

J－14

（唐）李白

渡远荆（jīng）门外，来从楚国游。
山随平野尽，江入大荒[1]流。
月下[2]飞天镜，云生结海楼[3]。
仍怜[4]故乡水，万里[5]送行舟。

（绘图：2018 级印度尼西亚学生　谢承良）

词语解释

［1］大荒：广阔的原野。
［2］月下：月亮下移。
［3］海楼：海市蜃（shèn）楼，这是江上云霞的美丽景象。
［4］怜：怜爱。
［5］万里：虚指行程遥远。

古诗今译

我乘船来到遥远的荆门外，来到当年的楚国游玩。山随着平原的出现而渐渐消失，长江水在广阔的原野奔流。月亮好像天上飞来的明镜落在江面上，云层幻化出海市蜃楼。那来自家乡的水，不远万里来送我，真是值得怜爱！

作者简介

李　白

字、号：字太白，号青莲居士

籍贯：陇西成纪（今甘肃秦安）

生卒年：701—762

身份：唐代浪漫主义诗人

获荣誉称号：“诗仙”

代表作：《静夜思》《望庐山瀑布》《行路难三首》《蜀道难》《将进酒》等

作品赏析

这首诗是李白离开四川去湖北时所作的一首五言律诗。首联交代了出游路途和目的地。乘船来到楚地，地形景色都发生了变化。颔联描写了沿途壮阔的景象：起伏的山峦、平坦的原野、奔腾的长江、辽阔的荒原。“随”“入”两字连接了这四种景象，也从流动的视角写出了景物的变化，流动感和空间感真切动人，气势磅礴。颈联描写了眼前的江景，明月像一面镜子倒映在江面，云彩变化无穷，幻化成海市蜃楼，此情此景，让诗人感到豁然开朗，充满喜悦感。尾联采用拟人的写法，把“故乡水”比作人，不远万里，依依送别诗人离开故乡。诗人不正面写自己对故乡的不舍，而从故乡水不舍诗人来写，更加衬托出对故乡的深情。

经典名句

山随平野尽，江入大荒流。

诵读指引

这首诗是诗人离开故乡远游所作，表达了对故乡依依不舍的感情。第二、四、六、八句句尾“游”“流”“楼”“舟”押韵。诵读时情绪饱满，读出磅礴气势。

渡/荆门/送别

渡远/荆门外，来从/楚国游。（语速平缓，“游”重读，平行语势）

山随/平野尽，江入/大荒流。（语速渐缓，“大荒流”重读且声音延长，平行语势）

月下/飞天镜，云生/结海楼。（语速稍快，“楼”重读，语调前降后升，结尾上行语势）

仍怜/故乡水，万里/送行舟。（语速转缓，“怜”“舟”重读，“送行舟”声音延长，平行语势）

无题·来是空言[1]去绝踪

J－15

（唐）李商隐

来是空言去绝踪，月斜楼上五更钟。
梦为远别啼难唤，书被催成墨未浓。
蜡照[2]半笼(lóng)[3]金翡翠[4]，麝熏(shèxūn)[5]微度[6]绣芙蓉[7]。
刘郎[8]已恨蓬山[9]远，更隔蓬山一万重(chóng)。

（绘图：暨南大学华文学院华文教育系教师　王琪阳）

词语解释

［1］空言：空话，是说女方失约。

［2］蜡照：烛光。

［3］半笼：半映。指烛光隐约，不能照全床上的被褥。

［4］金翡翠：指饰以金翠的被子。

［5］麝熏：麝香的气味。麝本是动物名，即香獐，其体内的分泌物可作香料。这里指香气。

［6］度：透过。

［7］绣芙蓉：指绣花的帐子。

［8］刘郎：相传东汉时刘晨、阮肇（zhào）一同入山采药，遇二女子，邀至家，留半年乃还乡。后也以此典喻“艳遇”。

［9］蓬山：蓬莱山，指仙境。

古诗今译

她说会回来见我，不过是一句空话，人走了就再没踪影，我在楼上等到五更钟响，月亮西下。因为思念，我在梦中伤心地哭了起来，叫都叫不醒，醒来之后就急着写信，信都写好了，可是墨还没有磨得足够浓。蜡烛的余光半遮住饰有金翡翠的帷幕，麝香的气味熏染到绣着芙蓉的被褥。古代的刘郎已经怨恨蓬山仙境十分遥远，而我所思念的人，却比蓬山更远千万倍！

（绘图：2019 级印度尼西亚学生　朱天明）

作者简介

李商隐

字、号：字义山，号玉谿生，又称樊南生

籍贯：祖籍怀州河内（今河南沁阳），出生于郑州荥阳（今河南荥阳）

生卒年：约 813—约 858

身份：唐代诗人

获荣誉称号：创晚唐诗歌高峰，与杜牧合称“小李杜”，与温庭筠合称“温李”

代表作：诗作《乐游原》《锦瑟》《嫦娥》等；《李义山文集》

作品赏析

这首诗借眼前所见来写离别和思念之情，有好景不常在之恨。“梦为远别”为一篇眼目。虽然整首诗写的是“离别”的痛苦，但诗歌以“梦”为切入点，打破了常见的叙事顺序，而是先从梦醒时情景写起，进行倒叙，虚实结合、情景对应，创造出亦梦亦真的无穷韵味，最后才点明现实生活当中有千山万水的阻隔之恨。这样亦梦亦真的写法，既有对比，又有呼应，形成一个荡气回肠的艺术空间。

经典名句

刘郎已恨蓬山远，更隔蓬山一万重。

诵读指引

这首七言律诗是一首情诗，在丰富的意象中，寄托了深深的情思。诵读时整体节奏要慢，

注意通过适当的停顿和语势的起伏变化，表达出若有所思、迷离恍惚的感觉。

无题·来是空言去绝踪

来是/空言/去绝踪，月斜/楼上/五更钟。（语速缓慢，“五更钟”重读，下行语势）

梦为/远别/啼难唤，书被/催成/墨未浓。（语速缓慢，“啼”“墨”重读，延长声音，平行语势）

蜡照/半笼/金翡翠，麝熏/微度/绣芙蓉。（语速加快，“金”“绣”重读，上行语势）

刘郎/已恨/蓬山远，更隔/蓬山/一万重。（语速由快到慢，“一万重”延长声音，字字读得缓而深沉，平行语势）

渔歌子[1]·西塞山[2]前白鹭[3]飞

J－16

（唐）张志和

西塞山前白鹭飞，

桃花流水[4]鳜(guì)鱼[5]肥。

青箬(ruò)笠[6]，

绿蓑衣[7]，

斜风细雨不须归。

（绘图：2018 级泰国学生　王玲玲）

词语解释

［1］渔歌子：原是曲调名，后来人们根据它填词，又成为词牌名。
［2］西塞山：在今浙江省湖州市西面。
［3］白鹭：一种白色的水鸟。
［4］桃花流水：桃花盛开的季节正是春水盛涨的时候，俗称“桃花汛”或“桃花水”。
［5］鳜鱼：俗称“花鱼”“桂鱼”。扁平、口大、鳞细、黄绿色，味道鲜美。
［6］箬笠：用竹篾、箬叶编的斗笠。
［7］蓑衣：用草或棕麻编织的雨衣。

古词今译

西塞山前白鹭在自由地飞翔，江岸桃花盛开，春水初涨，水中鳜鱼肥美。渔翁头戴青色的箬笠，身披绿色的蓑衣，冒着斜风细雨，乐然垂钓，用不着回家。

作者简介

张志和

字、号：字子同，初名龟龄，号玄真子

籍贯：婺州金华（今浙江金华）

生卒年：732—774

身份：唐代诗人

代表作：《渔父词》五首等

作品赏析

这首词开头两句写垂钓的地方和季节。两句里出现了山、水、鸟、花、鱼，勾勒了一个垂钓的优美环境，为人物出场做好了铺垫。词的后两句写烟波上垂钓。尾句的“斜风细雨”既是实写景物，又另含深意。整首词色彩鲜明，构思巧妙，意境优美，使读者仿佛是在看一幅出色的水乡春汛图。在秀丽的水乡风光和理想化的渔人生活中，这首词寄托了作者爱自由、爱自然的情怀。

经典名句

青箬笠，绿蓑衣，斜风细雨不须归。

诵读指引

这首词语言简洁平实，重在写景，寓情于景，表达出一种逍遥自在的轻松心境。在诵读时整体节奏要明快，注意通过适当的停顿和语势的起伏变化，表达出自由舒畅的感觉。

渔歌子·西塞山前白鹭飞

西塞/山前/白鹭/飞，（起调略高，语速适中，上行语势）

桃花/流水/鳜鱼/肥。（语速放缓，“鳜鱼肥”声音延长，“肥”重读，读出喜悦欣赏之情，平行语势）

青箬笠，绿蓑衣，（语速适当加快）

斜风/细雨/不须归。（“不须归”声音延长，读出逍遥自在感）

菩萨蛮·人人尽说江南好

J－17

（唐）韦庄

人人尽说江南好，游人[1]只合[2]江南老。春水碧于天[3]，画船听雨眠。

垆(lú)边[4]人似月，皓腕凝霜雪[5]。未老莫还(huán)乡，还乡须[6]断肠。

（绘图：2018 级马来西亚学生　孙红绫）

词语解释

［1］游人：这里指漂泊江南的作者自己。
［2］只合：只应。
［3］碧于天：碧绿胜过天色。

［4］垆边：指酒家。垆：旧时酒店用土砌成酒瓮（wèng）卖酒的地方。汉代司马相如的妻子卓文君长得很美，曾当垆卖酒。

［5］皓腕凝霜雪：形容双臂洁白如雪。凝霜雪：像霜雪凝聚那样洁白。

［6］须：必定，肯定。

古词今译

人人都说江南好，游人应该在江南待到老去。春天的江水清澈碧绿，比天空还青，游人可以在画船上听着雨声入眠。

江南酒家卖酒的女子长得很美，卖酒时露出的双臂洁白如雪。年华未衰之时不要回乡，回到家乡后必定悲痛到极点。

作者简介

韦　庄

字、号：字端己

籍贯：长安杜陵（今陕西西安）

生卒年：约836—约910

身份：唐代诗人、“花间派”词人

获荣誉称号：与温庭筠同为“花间派”代表作家，并称“温韦”

代表作：诗作《秦妇吟》；词作《菩萨蛮》五首；词集《浣花集》十卷等

作品赏析

《菩萨蛮》五首是韦庄的组词作品。这是五首中的第二首，重在追忆江南的情事。词人表达了对江南和故乡非常复杂的情感。江南虽然风景美、人美、气候好，但并不是词中主人的家。难道词中的主人公不愿意回到故乡家中吗？当然不是，只是自己多年在外，功名未成，又怎能轻言回去呢？如果不回去，再美好的江南，对客居在此、逃避战乱的人来说，又怎么会有归属感呢？词人此时去留两难的困境，在前二句的沉郁与后二句的空灵当中体现了出来，形成了难以言喻的艺术张力。

经典名句

春水碧于天，画船听雨眠。

诵读指引

这首词语言简洁朴实，但蕴含了丰富而复杂的情绪。诵读时整体节奏要慢，注意通过适当的停顿和语势的起伏变化，表达出痛苦和纠结的感觉。

菩萨蛮·人人/尽说/江南/好

人人/尽说/江南好，游人/只合/江南老。（“好”“老”重读，前后两句形成对比）

春水/碧于/天，画船/听雨/眠。（“听雨眠”声音延长，平行语势）

垆边/人似月，皓腕/凝霜雪。（语调轻快，读出欣赏之感）

未老/莫/还乡，还乡/须/断肠。（语速渐缓，“莫”“须”重读，“须断肠”声音延长，字字读得缓而深沉，下行语势）

点绛（jiàng）唇[1]·蹴（cù）[2]罢秋千

J－18

（宋）李清照

蹴罢秋千，起来慵（yōng）[3]整纤纤手。露浓花瘦，薄汗轻衣透。

见客入来，袜刬（chǎn）[4]金钗（chāi）溜[5]。和羞走，倚门回首[6]，却把青梅嗅（xiù）。

（绘图：2018 级马来西亚学生　孙红绫）

词语解释

［1］点绛唇：词牌名。
［2］蹴：踏。此处指荡秋千。

［3］慵：懒洋洋的样子。
［4］袜刬：这里指跑掉鞋子，以袜着地。
［5］金钗溜：指首饰从头上掉下来。
［6］倚门回首：靠着门回头看。

古词今译

荡完秋千起身，懒懒地揉搓着细嫩的手。在她身旁，瘦瘦的花枝上挂着晶莹的露珠，薄薄的罗衣已经被她的香汗浸透。突然进来一位客人，她慌得顾不上穿鞋，只穿着袜子抽身就走，连头上的金钗也滑落下来。她害羞地赶紧跑开，又忍不住假装闻一闻青梅的花香，倚靠在门边回头看。

作者简介

李清照

字、号：号易安居士

籍贯：齐州章丘（今山东济南章丘）

生卒年：1084—1155

身份：宋代词人

获荣誉称号：婉约词派代表，“千古第一才女”

代表作：词作《声声慢·寻寻觅觅》《一剪梅·红藕香残玉簟秋》；诗作《夏日绝句》等；《易安居士文集》；词集《漱玉词》

作品赏析

这首词描述了少女的天真情态，上片写了女主人公荡秋千的畅快，下片写女主人公突然看到有客人来时又好奇又害羞的样子。这首诗形象生动地刻画了一个感情丰富却又矜持的青春少女形象。全词语言通俗，风格明快，节奏轻松，是李清照早年的代表作。

经典名句

和羞走，倚门回首，却把青梅嗅。

诵读指引

这首词风格明快，在诵读时整体节奏要轻快，注意通过适当的停顿和声音的起伏变化，表现出少女的天真烂漫、娇羞可爱。

点绛唇·蹴罢/秋千

蹴罢/秋千，起来/慵整/纤纤手。（语速适中，语调轻快，“慵整”写得十分传神，可适当重读凸显，读出欣赏之感）

露浓/花瘦，薄汗/轻衣/透。（“浓”“瘦”“透”适当重读，形成对比）

见客/入来，袜刬/金钗溜。（语速渐快，读出匆忙的意味）

和羞走，倚门/回首，却把/青梅/嗅。（“和羞走”偏快，“倚门回首”开始语速放缓，“却”重读，“青梅嗅”缓读，读出不舍之情）

第一场雪

J－19

jùn
峻青

（绘图：2018 级泰国学生　赵舒畅）

前天，气象台发布了西伯利亚来的寒流即将南下的消息；昨天，强大的冷空气就侵（qīn）入[1]了胶东半岛。前些天还暖和得如同阳春三月，昨天清早，天气骤（zhòu）然[2]变冷，空中布满了铅色[3]的阴云，中午，凛（lǐn）冽（liè）[4]的寒风刮起来了，呼呼地刮了整整一个下午。黄昏时分风停了，就下起雪来。

这是入冬以来胶东半岛上第一场雪。雪纷纷扬扬，下得很大。

开始还伴着一阵儿小雨，不久就只见大片大片的雪花，从彤(tóng)云密布[5]的天空中飘落下来。地面上一会儿就白了。冬天的山村，到了夜里就万籁俱寂，只听得雪花簌(sù)簌[6]地不断往下落。树木的枯枝被雪压断了，偶尔咯吱一声响。

大雪整整下了一夜。今天早晨，天放晴了，太阳出来了。推开门一看，嗬(hè)！好大的雪啊！山川、河流、树木、房屋，全部罩上了一层厚厚的雪，万里江山变成了粉妆玉砌(qì)[7]的世界。落光了叶子的柳树上，挂满了毛茸(róng)茸[8]、亮晶晶[9]的银条儿；而那些冬夏常青的松树和柏树上，则挂满了蓬松松[10]、沉甸(diàn)甸[11]的雪球儿。一阵风吹来，树枝轻轻地摇晃，美丽的银条儿和雪球儿簌簌地落下来，玉屑(xiè)[12]似的雪末儿随风飘扬，映着清晨的阳光，显出一道道五光十色[13]的彩虹。

大街上的积雪足有一尺多深，人踩上去，脚底下发出咯吱咯吱的响声。一群群孩子在雪地里堆雪人，掷(zhì)[14]雪球。那欢乐的叫喊声，把树枝上的雪都震落下来了。

俗话说，“瑞(ruì)雪兆(zhào)丰年[15]。”这个话有充分的科学根据，并不是一句迷信的成语。寒冬大雪，可以冻死一部分越冬的害虫；融化了的水渗(shèn)[16]进土层深处，又能供应庄稼生长的需要。我相信这一场十分及时的大雪，一定会促进明年春季作物尤其是小麦的丰收。有经验的老农把雪比作是“麦子的棉被”，冬天“棉被”盖得越厚，明春麦子就长得越好，所以又有这样一句谚(yàn)语：“冬天麦盖三层被，来年枕着馒(mán)头睡。”

我想：这就是人们为什么把及时的大雪称为“瑞雪”的道理吧。

词语解释

［1］侵入：（外来的或有害的事物）进入（内部）。

［2］骤然：突然，忽然。

［3］铅色：青灰色。

［4］凛冽：寒冷得刺骨，非常冷。

［5］彤云密布：很厚的云层布满天空，预示着大雪即将来临。彤：红色。彤云：有时指红霞，有时指下雪前均匀密布的阴云。

［6］簌簌：这里形容雪花纷纷落下的声音。

［7］粉妆玉砌：用白粉装饰，用白玉砌成。这里形容到处都是一片洁白的雪景。

［8］毛茸茸：这里指雪花像细小的白毛一样。

［9］亮晶晶：形容物体明亮，闪闪发光。

［10］蓬松松：一般指草、绒毛、头发等松散杂乱，这里形容雪花松软杂乱。

［11］沉甸甸：形容沉重的样子。

［12］玉屑：玉的碎末。这里形容雪末。

［13］五光十色：形容色彩鲜艳，花样繁多。

［14］掷：扔，投。

［15］瑞雪兆丰年：适时的冬雪预示着来年是丰收之年。瑞：吉利的。

［16］渗：液体慢慢地透过或漏出。

作者简介

峻青（原名孙俊卿）

籍贯：山东海阳

生卒年：1922—2019

身份：当代作家

代表作：小说《黎明的河边》；散文《秋色赋》《海滨仲夏夜》等

作品赏析

这篇文章原题为“瑞雪图”，写于1960—1962年。当时的中国正遭受着严重的自然灾害，粮食和棉花都歉收，人们非常希望能有个好收成。当作者峻青在胶东半岛看到入冬以来的第一场大雪时，想到“瑞雪兆丰年”，内心无比喜悦，于是写下了这篇散文。

全文分为两个部分，第一部分是写雪景，分雪前、雪中、雪后三个层次。写雪前，分别从清早、中午、黄昏描写了大雪降临之前的气候变化；写雪中，从白天到夜晚，描写出大雪纷飞的景象；写雪后的美丽景象，是全文的重点内容。作者抓住特征，由面到点，由景到人，动静结合，视觉和听觉描写结合，条理清晰，层次分明，细腻地描绘了山村大雪初晴的美丽景色。“万里江山变成了粉妆玉砌的世界”“挂满了毛茸茸、亮晶晶的银条儿”“堆满了蓬松松、沉甸甸的雪球”等是静态描写，“树枝轻轻地摇晃，银条儿和雪球儿簌簌地落下来，玉屑似的雪末儿随风飘扬”是动态描写，描写时作者还巧妙地使用了很多叠词、儿化词，表达出作者对这场大雪的喜爱之情。第二部分是写由雪景引发的联想。作者之所以要分析俗语中所包含的科学依据，其实是为了点明自己喜欢这场雪的真正原因——瑞雪兆丰年，来年农民们一定会迎来一个丰收年，大家的生活将会充满喜悦和美好。

经典名句

瑞雪兆丰年。
冬天麦盖三层被，来年枕着馒头睡。

诵读指引

朗读这篇作品时整体上要注意情感饱满和语气的起伏变化。第一段是客观介绍大雪之前的天气变化，读的时候语气比较平缓，读出盼望下雪的心情。第二段是写大雪纷飞的情景，要读出拟声词的特点。第三段是写雪后的美丽景象，语速时快时慢，语气抑扬顿挫，要读出欢快喜悦的心情。第四、五段是联想，语气变为平缓深沉，读出对“瑞雪兆丰年”的期盼与喜悦的心情。

繁星

J－20

巴金

（绘图：2018 老挝学生　宋美珠）

我爱月夜，但我也爱星天。从前在家乡七八月的夜晚，在庭院里纳（nà）凉[1]的时候，我最爱看天上密密麻麻的繁星。望着星天，我就会忘记一切，仿佛回到了母亲的怀里似的。

三年前，在南京我住的地方有一道后门，每晚我打开后门，便看见一个静寂[2]的夜。下面是一片菜园，上面是星群密布的蓝天。星光在我们的肉眼里虽然微小，然而它使我们觉得光明无处不在[3]。那时候我正在读一些关于天文学的书，也认得一些星星，好像它们就是我的朋友，它们常常在和我谈话一样。

如今在海上，每晚和繁星相对，我把它们认得很熟了。我躺在舱（cāng）面[4]上，仰望天空。深蓝色的天空里悬（xuán）[5]着无数半明半昧（mèi）[6]的星。船在动，星也在动，它们是这样低，真是摇摇欲坠（zhuì）[7]呢！渐渐地我的眼睛模糊了，我好像看见无数萤（yíng）火虫在我的周围飞舞。海上的夜是柔和的，是静寂的，是梦幻的。我望着那许多认识的星，我仿佛看见它们在对我眨（zhǎ）眼，我仿佛听见它们在小声说话。这时我忘记了一切。在星的怀抱中我微笑着，我沉睡着。我觉得自己是一个小孩子，现在睡在母亲的怀里了。

有一夜，那个在哥伦波上船的英国人指给我看天上的巨人。他用手指着：那四颗明亮的星是头，下面的几颗是身子，这几颗是手，那几颗是腿和脚，还有三颗星算是腰带。经他这一番指点，我果然看清楚了那个天上的巨人。看，那个巨人还在跑呢！

词语解释

［1］纳凉：乘凉的意思，指为避热而在阴凉处歇息。纳：乘。
［2］静寂：形容安静到了极点。
［3］无处不在：到处都有，形容数量多或存在的范围广。
［4］舱面：一般指轮船的甲板。
［5］悬：吊、挂在空中。
［6］半明半昧：形容有时明亮，有时昏暗。
［7］摇摇欲坠：形容极不稳固，就要落下来，或就要垮台。

作者简介

巴金（原名李尧棠）

字、号：字芾甘（fèi gān）

籍贯：四川成都

生卒年：1904—2005

身份：现代著名的小说家、散文家、翻译家

获荣誉称号：“人民作家”

代表作：《家》《春》《秋》等

作品赏析

散文《繁星》写于1927年作者乘轮船到法国留学的途中，在航行期间，巴金写了《海行杂记》三十八篇，《繁星》是其中的一篇。文中描写了在海轮上看星空的情形，并联系过去看星空的经历，表达了作者对星空、繁星的热爱，暗示了作者对美好生活的热爱和向往，同时通过写景抒发了淡淡的离情。

文章按照时间顺序，围绕“繁星”展开描写，写了作者在不同时期、不同地点三次观看繁星的情景和感受。第一次是在家乡的自家院子里，所见的天空有限，“望着星天，我就会忘记一切，仿佛回到了母亲的怀里似的”。这里表达了作者对繁星有母亲般的依恋之情。第二次是在南京读书时的菜园，“星光在我们的肉眼里虽然微小……好像它们就是我的朋友，它们常常在和我谈话一样”。这里作者离开家乡到南京求学，觉得星星很亲切，就像亲密的小伙伴，也表现了作者对光明的追求。第三次是在海上航行的船上，“我望着那许多认识的星，我仿佛看见它们在对我眨眼，我仿佛听见它们在小声说话……现在睡在母亲的怀里了”。这里是出国求学的途中，作者对未来的留学生活有种种设想和期待，也有淡淡的乡愁，不由得又回忆起童年来了。这里写出了哪怕今后是在陌生的环境中，繁星还可以像知心的老朋友一样陪着作者。作者从主观的感觉上来描写天空的繁星，把遥远的星空写得美妙动人，例如：与星为友，对星谈话，以及“天上的巨人”“还在跑呢”，把星星拟人化了，仿佛繁星也有了生命和感情，从中我们可以感悟到作者的童心、童趣，以及对大自然的热爱、对美好生活的向往。

诵读指引

朗读这篇作品时，整体上要注意体会作者对繁星的热爱、对美好生活的向往以及远赴国外留学时的离别之情。朗读时要注意语气的起伏变化。第一段语速平缓，语气比较抒情，读出对繁星有母亲般的依恋之情。第二段语速由慢到快，语气比较亲切，读出对繁星有朋友般的亲密之情。第三段语速稍慢，语气深沉，读出对未来的期盼以及唯有繁星陪伴自己的感觉。最后一段要读出作者的童心、童趣以及对星空的热爱之情。

巩固篇

关山月[1]

G－1

（唐）李白

明月出天山[2]，苍茫云海间。
长风几万里，吹度玉门关[3]。
汉下[4]白登[5]道，胡[6]窥（kuī）[7]青海湾[8]。
由来[9]征战地，不见有人还。
戍（shù）客[10]望边邑（yì）[11]，思归多苦颜。
高楼[12]当此夜，叹息未应闲。

（绘图：2018级印度尼西亚学生　梁琴娜）

词语解释

［1］关山月：乐府旧题，属横吹曲辞，多抒离别哀伤之情。

［2］天山：即祁连山。在今甘肃、新疆之间，连绵数千里。因汉时匈奴称“天”为“祁连”，所以祁连山也叫做天山。

［3］玉门关：故址在今甘肃敦煌西北，是古代通向西域的交通要道。

［4］下：指出兵。

［5］白登：今山西大同东有白登山。当年汉高祖刘邦领兵出征匈奴，曾在白登山被匈奴围困了七天。

［6］胡：指吐蕃。

［7］窥：有所企图，侵扰。

［8］青海湾：即今青海省青海湖，湖因青色而得名。

［9］由来：自始以来；历来。

［10］戍客：驻守边疆的将士。

［11］边邑：一作“边色”，指边疆。

［12］高楼：古诗中多以高楼指闺阁，这里指戍边将士的妻子。

古诗今译

一轮明月从祁连山上升起，穿行在苍茫的云海之间。长风吹越几万里，吹到了将士们驻守的玉门关。当年汉兵来到了白登山道，而胡兵想占有青海的大好河山。在这片历代的征战之地上，将士们很少有能够活着回故乡的，戍守边疆的将士抬头看月，远望家乡的方向，想回家的心情让人无法开心起来。而此时将士的妻子在家乡的高楼上，大概也在哀叹何时能见到远方的亲人。

作者简介

李　白

字、号：字太白，号青莲居士

籍贯：陇西成纪（今甘肃秦安）

生卒年：701—762

身份：唐代浪漫主义诗人

获荣誉称号：“诗仙”

代表作：《静夜思》《望庐山瀑布》《行路难三首》《蜀道难》《将进酒》等

作品赏析

此诗写远离家乡的戍边将士遥望月亮时与妻子的相互思念之情，反映了当时的战争给战士和家人带来的分离之苦。全诗分为三层，开头四句主要写景，其中关、山、月三种因素在内的辽阔的边塞图景，表现出将士在外的孤单；中间四句具体写到战争的景象，“不见有人还”，写尽了战场的残酷；后四句写征人遥望家乡的方向，想到月夜下妻子也可能在高楼叹息不止。

此诗如同一幅由关山月夜、沙场悲痛、戍客思归三部分组成的长卷边塞图，以怨情、思情贯穿全诗，情景交融，虚实相生。

经典名句

明月出天山，苍茫云海间。
长风几万里，吹度玉门关。

诵读指引

这首诗语言自然朴实，节奏平稳，全诗在内容上由关山明月、沙场哀怨、军旅思归三部分组成，在朗读时要通过适当的停顿把这三部分的不同情感表达出来。

关山月

明月/出/天山，苍茫/云海/间。(语速平缓，雄浑深沉，读出苍茫辽阔感)

长风/几万里，吹度/玉门关。(“几万里”重读，上行语势，“玉门关”重读，声音延长，平行语势)

汉下/白登道，胡窥/青海湾。(语速适当加快)

由来/征战地，不见/有人还。(“有人还”延长声音，字字读得缓慢而沉重，下行语势)

戍客/望/边邑，思归/多/苦颜。(“望”“多”重读，读出相思之苦)

高楼/当此夜，叹息/未应闲。(语速缓慢，“未应闲”声音延长，字字读得缓慢而沉重，下行语势)

月下独酌四首[1] 其一

G－2

（唐）李白

花间一壶酒，独酌无相亲[2]。
举杯邀明月，对影成三人[3]。
月既不解饮[4]，影徒[5]随我身。
暂伴月将[6]影，行乐须及春[7]。
我歌月徘徊[8]，我舞影零乱[9]。
醒时同交欢[10]，醉后各分散。
永结无情游[11]，相期邈（miǎo）云汉[12]。

（绘图：2018 级老挝学生　宋美珠）

词语解释

［1］独酌：一个人饮酒。酌：饮酒。

［2］无相亲：没有亲近的人。

［3］举杯邀明月，对影成三人：我举起酒杯邀请明月来共饮，明月和我以及我的影子成为三个人。

［4］月既不解饮：月亮本来就不懂饮酒。既：已经，本来。不解：不懂，不理解。

［5］徒：徒然，白白的。

［6］将：和，共。

［7］及春：趁着美好的春光。

［8］月徘徊：明月随我来回移动。

［9］影零乱：因起舞而身影纷乱。

［10］同交欢：一起欢乐。

［11］无情游：忘情游，摆脱世俗、不计利害得失的交往。

［12］相期邈云汉：相互约定在天上相见。期：约会。邈：遥远。云汉：银河，这里指天上的仙境。

古诗今译

提来一壶美酒摆在花丛间，没有亲近的朋友家人，我独自倒酒独自喝。举起酒杯邀请明月来一起喝酒，加上自己的身影正好三人。明月本来就不懂得喝酒，影子徒然在我的身前身后。我只好暂时和明月、影子结成酒伴，趁着这美好的春光及时行乐。我唱歌，明月徘徊不定；我起舞，影子飘前飘后。清醒时我们一起欢乐，醉酒后各自分散。我愿与他们永远尽情漫游，相约在茫茫的银河边见面。

作者简介

李　白

字、号：字太白，号青莲居士

籍贯：陇西成纪（今甘肃秦安）

生卒年：701—762

身份：唐代浪漫主义诗人

获荣誉称号："诗仙"

代表作：《静夜思》《望庐山瀑布》《行路难三首》《蜀道难》《将进酒》等

作品赏析

这首诗大约写于唐玄宗天宝三年（744 年），是四首组诗中的第一首，当时李白在长安，正处于政治理想不能实现、官场失意之时，全诗通过奇特的想象，体现了诗人怀才不遇的寂寞和孤傲，在失意中依然乐观豪放的个性。

这首诗的开头写诗人月夜在花丛间独自饮酒、无人亲近的冷落情景。于是诗人展开想象，把天边的明月和月光下自己的影子拉了过来，连自己在内，化成了三个人，举杯共饮，冷清的场面，好像一下子热闹起来。第五～八句，对月亮和影子进行评论，月亮并不懂饮酒，影子也只是跟随着诗人，诗人内心仍然孤独，但还是要及时行乐。最后六句写诗人决定要与月亮和影子永结友谊，并相约在遥远的天上仙境再相见。诗人心中愁闷，但运用丰富的想象，以月为友，对酒当歌，及时行乐，表现了在失意中依然乐观豪放的个性。全诗写出了诗人由孤独到不孤独，再到孤独的一种复杂感情。表面看来，诗人好像神仙一样，能跟月亮和自己的影子一起快乐地饮酒，可是没有亲近的朋友，显然还是无限孤独和凄凉的。同时，诗人宁愿与月亮和影子为友，也不愿意沉沦在黑暗的现实社会中，突出了诗人大气、孤傲的性格。

经典名句

举杯邀明月，对影成三人。

诵读指引

这首诗描写诗人在月下独自饮酒的情景，朗读时整体节奏要豪迈，注意通过适当的停顿和语势的起伏变化，表达出诗人怀才不遇的寂寞，以及在失意中依然孤傲、乐观的豪放个性。

月下独酌四首·其一

花间/一壶酒，独酌/无相亲。（语速平缓，“独酌”重读，平行语势）
举杯/邀/明月，对影/成/三人。（语速加快，语势稍上扬，“邀”“成”重读并延长声音）
月既/不解饮，影徒/随我身。（语速稍缓，平行语势）
暂伴/月将影，行乐/须及春。（语速稍微加快，上行语势）
我歌/月徘徊，我舞/影零乱。（语速加快，平行语势）
醒时/同交欢，醉后/各分散。（语速平缓，上行语势）
永结/无情游，相期/邈云汉。（语速加快，“邈云汉”声音延长，下行语势）

赠卫八处（chǔ）士[1]

G－3

（唐）杜甫

（绘图：2019 级泰国学生　王月华）

人生不相见，动如参（shēn）与商[2]。
今夕复何夕，共此灯烛光。
少壮能几时，鬓发[3]各已苍[4]。
访旧半为鬼，惊呼热中肠。
焉知二十载，重（chóng）上君子堂。
昔别君未婚，儿女忽成行（háng）[5]。
怡然敬父执[6]，问我来何方。

问答乃未已，儿女罗酒浆[7]。

夜雨剪春韭(jiǔ)，新炊间(jiàn)黄粱。

主称会面难，一举累(lěi)十觞(shāng)[8]。

十觞亦不醉，感子故意长(cháng)[9]。

明日隔山岳，世事两茫茫。

词语解释

[1] 卫八处士：杜甫的朋友，一位姓卫的、排行第八的隐士。处士：隐士。

[2] 动如参与商：这句的意思是人们动不动就像参、商一样永远分离了。动如：动不动就像。参、商：天上的星星，一个在黎明前的西方，一个在傍晚时的东方，两者不会同时在天空中出现。

[3] 鬓发：两鬓的头发。

[4] 苍：灰白色。

[5] 成行：儿女很多。

[6] 父执：父亲的朋友。

[7] 罗酒浆：罗列酒菜。

[8] 累十觞：接连喝十多杯酒。

[9] 故意长：对老朋友的情意长。

古诗今译

人生之中，好友不能相见，就好像参、商一样永难相聚。然而今晚如此幸运，我和你竟然能在这个灯烛之下聚会。人的青壮年能有多长时间呢？我们双鬓的头发现在都已经变白了。互相打听老朋友的消息才知道大半都去世了，我内心激荡得连声哀叹。真没想到二十年后，我又一次来到你的家里。当年分别时你还没有结婚，现在已经儿女成行了。他们尊敬地招待父亲的朋友，问我是从哪里来的。我还没有回答完，儿女们就已经把酒菜摆好了。有雨夜中割的春韭菜，还有刚做熟的黄米饭。你说难得有这个机会见面，于是我们就举杯接连喝了十多杯。十多杯酒我也不会醉，因为你对待老朋友的情意让我感动。明天我们又会远隔千山万水，今后世事难料，真让人心绪难安。

作者简介

杜　甫

字、号： 字子美，自号少陵野老，世称“杜少陵”“杜工部”

籍贯： 河南巩县（今河南巩义）

生卒年： 712—770

身份： 曾任检校工部员外郎，唐代现实主义诗人

获荣誉称号：“诗圣”，与李白并称“李杜”，其诗作人称“诗史”

代表作： 诗作《春望》《北征》等；“三吏”“三别”；《杜工部集》

作品赏析

759 年，杜甫已经 47 岁了，他被贬官之后路过老朋友卫八处士的家，两人相聚后，杜甫写下《赠卫八处士》一诗。

诗歌开头八句，感叹久别重逢，两人多年未见竟然能够再次相聚，互相聊天才知道世事无常，很多好友已经去世。诗歌的中间部分是从“焉知二十载”到“感子故意长”，描写了朋友相聚的情景：老朋友家里已经子女成行，他们热情招待诗人，诗人和老朋友举杯欢饮。诗歌的最后两句“明日隔山岳，世事两茫茫”是写聚会结束后，诗人感到伤心——可能以后天各一方，再也见不到老朋友了。

欣赏这首诗，体会三点：第一，要知道在一千多年前的唐代，交通不便，朋友之间分别之后可能永远就不能再见了。第二，杜甫是在安史之乱时写的这首诗，战争让很多人死于非命，相聚机会难得。第三，杜甫是在中年时写的这首诗，因此人到中年经历过很多生活磨难后更能体会到这首诗的魅力。

经典名句

人生不相见，动如参与商。
今夕复何夕，共此灯烛光。
访旧半为鬼，惊呼热中肠。
明日隔山岳，世事两茫茫。

诵读指引

《赠卫八处士》这首古诗抒发了人生离多聚少和世事沧桑的感慨，朗读时基调要平静、低沉，注意根据诗歌内容的变化调整语气、语调和语速。开头四句主要描写久别重逢的情景，表达出悲喜交加之情；第五～八句写生死无常，读出沧桑无奈之感；从“焉知二十载”到“感子故意长”十四句，表现出朋友相聚时的欢畅；最后两句写重逢后又将分别的感伤，注意节奏放缓，情感要深沉、耐人寻味。朗诵节奏以五言古诗的基本节奏二三式为主。如：人生/不相见，动如/参与商。今夕/复何夕，共此/灯烛光。

茅屋为秋风所破歌

G－4

（唐）杜甫

（绘图：2019 级印度尼西亚学生　黄美凤）

八月秋高风怒号(háo)[1]，卷我屋上三重(chóng)茅。茅飞渡江洒江郊，高者挂罥(juàn)[2]长林梢，下者飘转沉塘坳(ào)[3]。

南村群童欺我老无力，忍能对面[4]为盗贼。公然抱茅入竹去，唇焦口燥呼不得[5]，归来倚杖自叹息。

俄顷(é qǐng)[6]风定云墨色，秋天漠漠向昏黑。布衾(qīn)[7]多年冷似铁，娇儿恶(è)卧[8]踏里裂[9]。床头屋漏无干处，雨脚如麻未断绝。自经丧(sāng)乱[10]少睡眠，长夜沾湿何由彻(chè)[11]？

安得广厦(shà)[12]千万间，大庇(bì)[13]天下寒士俱欢颜！风雨不动安如山。呜呼！何时眼前突兀(wù)见(xiàn)[14]此屋，吾庐[15]独破受冻死亦足[16]！

词语解释

[1] 怒号：大声吼叫。
[2] 罥：挂。
[3] 塘坳：低洼积水的地方。
[4] 对面：面对面。
[5] 呼不得：喝止不住。
[6] 俄顷：一会儿。
[7] 衾：被子。
[8] 恶卧：睡相不好。
[9] 裂：使……裂。
[10] 丧乱：战乱。
[11] 彻：天亮。
[12] 广厦：宽广的大屋。
[13] 庇：庇护，保护。
[14] 突兀：高耸的样子。
[15] 庐：茅屋。
[16] 足：值得。

古诗今译

八月正是深秋，秋风狂吼，卷走了我屋顶上的几层茅草。茅草飞过浣花溪飘落在江岸边。飞得高的茅草挂在高高的树梢上，飞得低的茅草飘落到水塘洼地里。

南村的一群小孩欺负我老弱无力，竟然忍心当着我的面抢茅草。明目张胆地抱着茅草跑到竹林里去了，我喊得口干舌燥也没能把他们叫住，回到家拄着拐杖独自哀叹。

不一会儿风停了，云层也变成墨色，天空渐渐阴沉起来了。盖了多年的布被子像铁一样冰冷，孩子睡觉姿势不好，把被子踢破了。屋子漏雨没有一点儿干的地方，雨密密麻麻不停地滴漏下来。自从安史之乱以来我就睡得少，如今漫漫长夜，屋子潮湿，怎样挨到天亮啊？

如何才能得到那么多宽敞的大屋，庇护普天下贫寒的读书人，让他们展露笑颜呢？这样风雨来了房屋也能毫不动摇，稳如泰山。哎！什么时候我的眼前才能高耸这样的大屋呢？就算唯独我的茅屋被秋风吹破，自己被冻死也心甘情愿啊！

作者简介

杜　甫

字、号：字子美，自号少陵野老，世称“杜少陵”“杜工部”

籍贯：河南巩县（今河南巩义）

生卒年：712—770

身份：曾任检校工部员外郎，唐代现实主义诗人

获荣誉称号：“诗圣”，与李白并称“李杜”，其诗作人称“诗史”

代表作：诗作《春望》《北征》等；“三吏”“三别”；《杜工部集》

作品赏析

这首诗描绘了深秋风雨交加的夜晚，茅屋被风吹破漏雨的情景。诗人推己及人，希望能大庇天下寒士，表现了诗人忧国忧民、胸怀天下的情怀。

第一段，“风怒号、卷屋茅、洒江郊、长林梢、沉塘坳”展现出诗歌的音乐美。“怒”把秋风拟人化，来势汹汹。这五句描绘了秋风卷走茅草、茅草横飞的景象。

第二段，诗人自叹年老无力受人欺。茅草被吹走，诗人拄拐杖去追，一群小孩看见茅草，当着诗人的面抱走不还，这些其实都反映了老百姓普遍贫困的生活状态，这也为末尾诗人发

出“大庇天下寒士俱欢颜”的感叹埋下伏笔。

第三段，描写了屋破偏遭连夜雨的窘境。前两句描写天气骤变，实际上烘托出诗人愁苦的心绪。第三、四句写布被子又旧又破，写出了诗人穷困潦倒的生活境况。第五、六句写秋雨下不停，屋里全都湿透了，所以更冷。最后两句揭示了贫困生活的根源在于“丧乱”。诗人由个人境遇想到国家命运，为最后一段的呐喊蓄势。

第四段，这一段境界全开，气势宏大。诗人希望得千万间广厦以庇护天下寒士，表现出诗人关注社会和时代的苦难、忧国忧民的崇高理想。最后为了实现这一理想，哪怕自己的茅屋被吹破、自己被冻死也心甘情愿，表现出诗人舍己为人、甘为人梯的高尚人格和迫切要求改变黑暗现实的思想感情。

经典名句

安得广厦千万间，大庇天下寒士俱欢颜！风雨不动安如山。呜呼！何时眼前突兀见此屋，吾庐独破受冻死亦足！

诵读指引

诵读这首诗要注意感情的变化，第一段描写自然环境，语速缓慢，“号”“茅”“郊”“梢”“坳”重读，语调前高后低，整段读出凌乱之感。第二段写诗人追赶抱茅草的孩童的情景，语速渐快，读出焦急且无奈之感。第三段写茅屋漏雨的窘境，语速由快转慢，最后一句疑问语气，语势上扬，为第四段情感的彻底抒发埋下铺垫。第四段为天下寒士呐喊，情绪到达顶点，语速放缓，声高气足，铿锵有力，“俱欢颜”声音延长。

雨霖铃[1]·寒蝉(chán)凄切[2]

G－5

（宋）柳永

寒蝉凄切，对长亭晚，骤(zhòu)雨初歇。都(dū)门[3]帐饮[4]无绪[5]，留恋处，兰舟[6]催发。执手相看泪眼，竟无语凝噎(yē)[7]。念去去[8]，千里烟波，暮霭(ǎi)沉沉楚天阔。

多情自古伤离别，更那堪(kān)冷落清秋节。今宵[9]酒醒何处？杨柳岸，晓风残月。此去经年[10]，应是良辰好景虚设。便纵[11]有千种风情[12]，更与何人说？

（绘图：2018 级印度尼西亚学生　黄秀璇）

词语解释

[1] 雨霖铃：词牌名，原为唐教坊曲名。又名“雨淋铃”“雨淋铃慢”。
[2] 凄切：形容凄凉急促。
[3] 都门：京都城门。这里借指北宋都城汴梁。
[4] 帐饮：在郊外搭帐篷饯行。
[5] 无绪：没有情绪。
[6] 兰舟：传说鲁班曾用木兰树制作船。这里是对船的美称。
[7] 凝噎：喉咙哽塞，想说话又说不出的样子。
[8] 去去：这里重复“去”字，表示行程遥远。
[9] 今宵：今天晚上。
[10] 经年：指经过一年或若干年。
[11] 纵：即使。
[12] 风情：指男女相爱之情，深情蜜意。

古词今译

秋后的蝉鸣声是那样的凄凉急促，傍晚时分，面对着长亭，一阵急雨刚刚停住。你在京都郊外为我设帐饯别，我却没有心情畅饮。与你依依不舍的时刻，船上的人却催着要出发了。你我握手相望，泪眼朦胧，千言万语噎在喉间说不出来，竟然只能默默相对。想到这一离去，千里迢迢，一片烟波，那夜雾沉沉的楚地天空是那样的空旷无边。

自古以来，让多情之人最感到伤心的就是离别，更何况在这萧瑟冷落的秋季，这离愁让人如何经受得了啊！谁知道我今夜酒醒之时身在何处？怕只能是在杨柳岸边，面对晨风与黎明的残月了。这一去就是若干年，你我天各一方，哪怕天气再好、风景再好，也如同虚设啊。我即便有满腹的情意，又能向谁倾诉？

作者简介

柳　永

字、号：原名三变，字景庄，后改名永，字耆卿。排行第七，又称柳七。官至屯田员外郎，故世称“柳屯田”

籍贯：福建崇安（今福建武夷山）

生卒年：约984—约1053

身份：宋代词人

获荣誉称号：婉约派最具代表性的人物之一

代表作：词作《雨霖铃·寒蝉凄切》《八声甘州》等；词集《乐章集》

作品赏析

柳永一生仕途坎坷，几经挫折才登科为官，后半生在颠沛流离中度过，备尝离别之苦，因此，离愁别绪是其词的一个重要主题。《雨霖铃·寒蝉凄切》是这类词的代表，这首词是柳永离开都城汴梁（今河南开封）时与恋人话别的作品。上片描写了离别场景：一个深秋的傍晚，一场急雨刚刚停歇，在汴梁的郊外，面对长亭，一个临时搭起的帐篷里，词人与恋人正饮酒话别。帐篷之外，蝉鸣声是那样的凄凉急促，好像在为他们伤别而哭泣。河边不时传来船家的催促声：“快快上船吧，要开船喽！”那边催个不停，这边难舍难分，两人握手相望，泪眼婆娑，千言万语噎在喉间说不出来……伤情离别，自古皆然，因此，这发生在千年之前的话别场面，我们在千载以后仍能与之共鸣。

词的下片则是抒发离别之后的痛苦。其中“今宵酒醒何处？杨柳岸，晓风残月”是千古传诵的名句，暗指词人尽管“无绪”，然而借酒浇愁，还是喝醉了。乘舟夜行，一觉醒来，不见恋人，只见杨柳岸上的晓风残月。风是凉的，月是残的，更衬托出词人凄清、悲凉、冷落的心境。

《雨霖铃·寒蝉凄切》最突出的艺术特色就是以冷落凄凉的秋景来衬托恋人们难以割舍的离情，情景交融，感人至深。另外，铺叙、白描的表现手法也很出色。

经典名句

今宵酒醒何处？杨柳岸，晓风残月。

诵读指引

《雨霖铃·寒蝉凄切》是柳永离别词的代表作，抒发与恋人分开时的依依惜别之情以及离别之后的痛苦。在诵读时节奏快慢交替，注意通过适当的停顿和语势的起伏变化，表达出离别时的哀伤情绪。

雨霖铃·寒蝉凄切

寒蝉/凄切，（语速缓慢，“寒蝉”重读，上行语势）

对/长亭/晚，（语速缓慢，“晚”重读，下行语势）

骤雨/初歇。（语速缓慢，“骤雨”重读，“初歇”声音延长，下行语势）

都门/帐饮/无绪，（语速由快到慢，“帐饮”重读，平行语势）

留恋/处，（语速缓慢，“留恋”重读，上行语势）

兰舟催发。（语速缓慢，“兰舟”重读，平行语势）

执手/相看/泪眼，（语速由快到慢，“泪眼”重读，上行语势）

竟/无语/凝噎。（语速缓慢，“凝噎”重读，下行语势，读出哽咽之感）

念/去去，（语速加快，“念”重读，上行语势）

千里/烟波，（语速加快，“千里”重读，平行语势）

暮霭沉沉/楚天阔。（语速由快到慢，“楚天阔”声音延长，字字读得缓慢而深沉，下行语势）

多情/自古/伤离别，（语速加快，“伤离别”重读，平行语势）

更/那堪/冷落/清秋节。（语速由快到慢，“清秋节”声音延长，字字读得缓慢而深沉，下行语势）

今宵/酒醒/何处？（语速由快到慢，“何处”重读，读出疑问语气）

杨柳/岸，晓风/残月。（语速缓慢，“残月”重读，下行语势）

此去/经年，（语速加快，“此去”重读，平行语势）

应是/良辰好景/虚设。（语速由快到慢，“良辰好景”重读，“良辰好景虚设”声音延长，字字读得缓慢而悲凉，下行语势）

便/纵有/千种风情，（语速加快，“千种风情”重读，上行语势）

更与/何人说？（语速缓慢，“何人说”声音延长，字字读得缓慢而悲凉，下行语势）

念奴娇[1]·赤壁[2]怀古

G－6

（宋）苏轼

大江[3]东去，浪淘[4]尽，千古风流人物[5]。故垒(lěi)[6]西边，人道是，三国周郎[7]赤壁。乱石穿空，惊涛拍岸，卷起千堆雪[8]。江山如画，一时多少豪杰。

遥想[9]公瑾(jǐn)当年，小乔初嫁了(liǎo)[10]，雄姿英发(fā)[11]。羽扇纶(guān)巾[12]，谈笑间，樯橹(qiáng lǔ)[13]灰飞烟灭。故国神游[14]，多情应笑我，早生华发(fà)[15]。人生如梦，一尊还酹(zūn huán lèi)江月[16]。

（绘图：2018 级印度尼西亚学生　黄碧素）

词语解释

［1］念奴娇：词牌名，因唐代天宝年间的一个名叫念奴的歌伎而得名。又名“百字令”“酹江月”等。

［2］赤壁：这里的赤壁并非三国古战场的赤壁，而是黄州赤壁，又名“赤鼻矶”，在今天湖北黄冈西边。

［3］大江：指长江。

［4］淘：冲洗，冲刷。

［5］风流人物：这里是指杰出的历史名人。

［6］故垒：古代遗留下来的堡垒。

［7］周郎：指三国时吴国名将周瑜，字公瑾，才貌双全，少年得志，24 岁为中郎将，掌管东吴重兵，吴中称之为“周郎”。下文中的“公瑾”也即是他。

［8］雪：这里是比喻浪花。

［9］遥想：形容想得很远，回想。

［10］小乔初嫁了：小乔：三国时的绝代佳人，为周瑜所娶。初：才，刚刚。初嫁：借以表示周瑜少年得意，倜傥(tì tǎng)风流。

［11］雄姿英发：姿容威武雄壮。发：显露，焕发。

［12］羽扇纶巾：拿着羽毛扇子，戴着用青丝做的头巾。这是古代儒将的便装打扮。形容周瑜儒雅从容、举止潇洒的样子。羽扇：羽毛制成的扇子。纶巾：青丝制成的头巾。

［13］樯橹：樯：挂帆的桅杆。橹：一种摇船的桨。这里是代指曹操的水军战船。

［14］故国神游：“神游故国”的倒文。故国：这里指当年的赤壁战场。神游：在想象、梦境中游历。

［15］多情应笑我，早生华发：“应笑我多情，早生华发”的倒文。华发：花白的头发。

［16］一尊还酹江月：古人有将酒浇在地上祭奠(diàn)的习俗。这里是指洒酒酬月，以寄托自己的感情。尊：同“樽”，酒杯。

古词今译

大江滚滚向东流去，滔滔巨浪淘尽千古英雄人物。古代遗留下来的旧营垒西边，人们说那就是三国时周瑜大破曹兵的赤壁。乱石林立，直耸云天，惊涛拍击着江岸，激起的浪花仿佛千万堆白雪。江山如画，一时间涌现出多少英雄豪杰。

遥想当年的周瑜，春风得意，小乔刚刚嫁给了他，威武雄壮意气风发。手摇羽扇头戴纶巾，谈笑之间，便将强敌的战船烧得灰飞烟灭。如今我神游当年古战场，可笑我如此多愁善感，过早地生出了满头白发。人生就像一场梦，且洒一杯酒祭奠江上的明月。

作者简介

苏 轼

字、号：字子瞻，号东坡居士

籍贯：眉州眉山（今四川眉山）

生卒年：1037—1101

身份：宋代文学家、书法家、画家

获荣誉称号：“唐宋八大家”之一；追赠太师，谥号“文忠”

代表作：诗文《赤壁赋》《题西林壁》等；词作《水调歌头·明月几时有》《念奴娇·赤壁怀古》等

作品赏析

这首著名的怀古词是苏轼的代表作，作于他贬官黄州期间。词中的赤壁在黄州（在今湖北省黄冈市）城外，其实并不是当年三国争雄的那个著名古战场，苏轼不过是因游览黄州赤壁而联想到中国历史上有名的赤壁之战，借怀古以抒发自己怀才不遇的感慨。

望着眼前波涛滚滚的江水，苏轼不由得想到自古以来的英雄人物就像被滚滚而来的浪涛从历史上冲洗掉了一样，都已随时间流逝而消失。当年风华正茂的周瑜，谈笑之间便打了一场功盖千秋的大胜仗，联想到自己的坎坷不遇，难免有些悲哀。但苏轼是一位能参透宇宙人生真谛的智者，其怀古的心得是：从整个江山历史的进程而言，当年意气风发、声名盖世的周瑜如今不也被大浪淘尽了吗？如此一来，苏轼便从悲哀中超脱了。

这首词体现了苏轼词作一贯旷达的风格。作者虽然处于仕途失意时期，内心难免产生逃避现实和怀才不遇的负面情绪，但凭着他豁达的胸怀，在雄伟壮丽的江山和历史风云人物的激发下，为我们留下了这首脍炙人口的豪放佳作。词作借景抒情，视野阔大，气魄宏伟，为豪放词中之绝品。

经典名句

大江东去，浪淘尽，千古风流人物。

诵读指引

《念奴娇·赤壁怀古》是一首怀古词，抒发了词人的怀才不遇，同时表现了其豁达胸怀。在诵读时节奏要快慢交替，注意通过适当的停顿和语势的起伏变化，随文分别表达出悲哀失意与豪迈豁达的情绪。

念奴娇·赤壁怀古

大江/东去，（语速缓慢，“大江”重读，“东去”声音延长，读得缓慢而深沉，下行语势）

浪/淘尽，（语速缓慢，“浪”重读，下行语势）

千古/风流/人物。（语速缓慢，“千古”重读，上行语势）

故垒/西边，（语速加快，“故垒”重读，上行语势）

人/道是，（语速缓慢，平行语势）

三国/周郎/赤壁。（语速由慢到快，“赤壁”重读，语气铿锵有力，下行语势）

乱石/穿空，惊涛/拍岸，卷起/千堆雪。（语速由快到慢，“千堆雪”声音延长，声调高昂，上行语势）

江山/如画，（语速缓慢，“如画”重读，上行语势）

一时/多少/豪杰。（语速缓慢，“豪杰”重读，下行语势）

遥想/公瑾/当年，（语速由慢到快，“当年”重读，平行语势）

小乔/初嫁了，（语速加快，“初嫁”重读，上行语势）

雄姿/英发。（语速加快，“英发”重读，平行语势）

羽扇/纶巾，谈笑间，樯橹/灰飞烟灭。（语速由快到慢，“灰飞烟灭”声音延长，下行语势）

故国/神游，（语速缓慢，“神游”重读，上行语势）

多情/应/笑我，早生/华发。（语速由快到慢，“早生华发”声音延长，下行语势）

人生/如梦，一尊/还酹/江月。（语速缓慢，“还酹江月”声音延长，字字读得缓慢而深沉，下行语势）

bó

醉花阴[1]·薄雾浓云愁永昼[2]

G－7

（宋）李清照

薄雾浓云愁永昼，瑞脑[3]销金兽[4]。佳节又重阳[5]，玉枕纱厨[6]，半夜凉初透。

chú

东篱[7]把酒黄昏后，有暗香[8]盈袖[9]。莫道不销魂[10]，帘卷西风[11]，人比黄花[12]瘦。

词语解释

［1］醉花阴：词牌名，又名“九日”。

［2］愁永昼：意思是愁难排遣因而觉得白天太长。永昼：即漫长的白天。

［3］瑞脑：一种香料，又称龙脑，即冰片。

［4］销金兽：香炉里香料逐渐燃尽。销：一作“消”。金兽：指兽形的铜香炉。

［5］重阳：重阳节，农历九月九日。

［6］纱厨：用纱制成的帐子。“厨”通“橱”。

［7］东篱：语出陶渊明的《饮酒·其五》：“采菊东篱下，悠然见南山。”“东篱”泛指种菊花的地方，特指文人的小院。

［8］暗香：清幽的香气。这里是指菊花的幽香。

［9］盈袖：满袖。

［10］销魂：形容极度忧愁、悲伤。销：一作“消”。

［11］帘卷西风：秋风吹动帘子。西风：秋风。

［12］黄花：菊花。

古词今译

薄雾弥漫，云层浓厚，愁闷满怀，日长难熬。龙脑香在金兽香炉中逐渐燃尽。又到了重阳佳节，躺在玉枕纱帐中，半夜的凉气将全身浸透。

黄昏后，在东篱边饮酒，满袖都是淡淡的菊花香气。谁说不伤感？西风吹起卷帘，我这身形啊，因过度思念你，竟比那黄花还要消瘦。

作者简介

李清照

字、号：号易安居士

籍贯：齐州章丘（今山东济南章丘）

生卒年：1084—1155

身份：宋代词人

获荣誉称号：婉约词派代表，“千古第一才女”

代表作：词作《声声慢·寻寻觅觅》《一剪梅·红藕香残玉簟秋》等；诗作《夏日绝句》等；《易安居士文集》；词集《漱玉词》

作品赏析

这是李清照最著名的一首相思词，于其婚后所作。李清照结婚之后不久，随着其夫赵明诚出仕，夫妻俩曾不得不分离两地。这年重阳节，独守空房的李清照自然免不了对丈夫的思念，于是留下了这首流传千古的名作。

把酒赏菊是古代重阳节的习俗，丈夫不在家，李清照只能独自饮酒，独自赏菊，“东篱把酒黄昏后”，纵然“有暗香盈袖”，结果却是“莫道不销魂，帘卷西风，人比黄花瘦”。何其凄凉！何其寂寥！词人通过这哀婉动人的情景描写抒发了她对丈夫浓浓的思念之情。

下片“莫道不销魂，帘卷西风，人比黄花瘦”三句是全篇的精华，是深秋怀人的至高境界。虽然古典诗词作品中以花木之“瘦”比喻人之瘦的句子并不少见，但意境都不如这一句。词人用以自比的菊花不仅是重阳节的时令花卉，还是古代文人心目中“高雅”的象征，正所谓“落花无言，人淡如菊”，且以“帘卷西风”为“人比黄花瘦”渲染了一个特定的环境气氛，使人想象出一幅画面：重阳佳节，一位闺中佳人独自面对西风中的瘦菊，其孤独寂寞而又孤芳自赏之情跃然纸上。这三句也因此成为千古传诵的佳句。

经典名句

莫道不销魂，帘卷西风，人比黄花瘦。

（绘图：2018 级印度尼西亚学生　陈玲燕）

诵读指引

《醉花阴·薄雾浓云愁永昼》是一首相思词，抒发了词人对丈夫的思念之情，以及自己独守空房的落寞与哀怨。在诵读时整体节奏要慢，注意通过适当的停顿和语势的起伏变化，表达出哀怨和伤感之情。

醉花阴·薄雾浓云愁永昼

薄雾/浓云/愁/永昼，（语速缓慢，“愁”重读，“愁永昼”声音延长，下行语势）
瑞脑/销/金兽。（语速缓慢，“瑞脑”重读，下行语势）
佳节/又/重阳，（语速平缓，“重阳”重读，上行语势）
玉枕/纱厨，（语速平缓，“玉枕”重读，上行语势）
半夜/凉初透。（语速加快，“凉初透”声音延长，轻读，下行语势）
东篱/把酒/黄昏后，（语速由快到慢，“黄昏后”重读，上行语势）
有/暗香/盈袖。（语速缓慢，“暗香”重读，下行语势）
莫道/不销魂，（语速缓慢，“莫道”重读，下行语势）
帘卷/西风，（语速加快，“帘卷”重读，上行语势）
人比/黄花瘦。（语速由快到慢，“黄花瘦”声音延长，字字读得缓慢而深沉，平行语势）

声声慢·寻寻觅觅

G－8

（宋）李清照

寻寻觅觅，冷冷清清，凄(qī)凄惨惨戚(qī)戚[1]。乍(zhà)暖还(huán)寒[2]时候，最难将息[3]。三杯两盏淡酒，怎敌他[4]晚来[5]风急！雁过也，正伤心，却是旧时相识。

满地黄花[6]堆积，憔悴(qiáocuì)损，如今有谁堪[7]摘？守着窗儿，独自怎生[8]得黑！梧桐更兼细雨，到黄昏点点滴滴。这次第[9]，怎一个愁字了得[10]！

词语解释

[1] 凄凄惨惨戚戚：形容忧愁苦闷的样子。
[2] 乍暖还寒：天气忽冷忽热。
[3] 将息：调养休息。
[4] 怎敌他：怎么抵挡得住。
[5] 晚来：一作“晓来”。
[6] 黄花：菊花。
[7] 堪：能够，愿意。
[8] 怎生：怎样，如何。
[9] 这次第：这情形，这光景。
[10] 怎一个愁字了得：一个“愁”字怎么能概括得了！

古词今译

苦苦寻觅，却只见一片冷冷清清，让人倍感凄惨悲戚。这忽冷忽热的时节，最难保养休息。两三杯淡酒下肚，又怎能抵得住早晨的寒风？空中一行大雁飞过，更令人伤心，仿佛都是往日相识。

落了一地的菊花，已然憔悴不堪，如今还有谁来采摘？孤零零地守着窗子，独自一个人怎么熬到天黑？那不住敲打在梧桐叶上的雨水，到黄昏时分，还是点点滴滴。这般情景，怎是一个“愁”字能够了结的啊！

作者简介

李清照

字、号：号易安居士

籍贯：齐州章丘（今山东济南章丘）

生卒年：1084—1155

身份：宋代词人

获荣誉称号：婉约词派代表，“千古第一才女”

代表作：词作《声声慢·寻寻觅觅》《一剪梅·红藕香残玉簟秋》等；

诗作《夏日绝句》等；《易安居士文集》；词集《漱玉词》

（绘图：2018 级印度尼西亚学生　陈玲燕）

作品赏析

千古才女李清照的一生既经历了极度的幸福，也经历了莫大的苦难。她出身于书香门第，自小受到良好的教育，结婚之后与丈夫情投意合，过着令人羡慕的生活。然而，靖康之难带给她的不仅是国破、家亡，还有夫死。这一切反映在创作中，其词一扫当年的清新可人，由浅斟低唱转为沉郁凄婉，《声声慢·寻寻觅觅》便是她后期词作的典型代表。

李清照的词以写愁而著称，但早期作品中的愁都是春愁与离愁，后期则是绝望的悲愁。

这首词起句就连用七组叠词表现词人的愁，“寻寻觅觅，冷冷清清，凄凄惨惨戚戚”，晚年的李清照，还有什么值得她去寻觅的？生活中所珍爱的一切已丧失殆尽，唯一值得追寻的就是对往事的回忆。然而，昔日的美好只能变本加厉地让她体会到如今的凄凉，因此，寻觅的结果必然是“冷冷清清”，而环境的冷清渗入内心，让她感到“凄凄惨惨戚戚”。十四个叠字连用，如泣如诉，将词人的愁展现得淋漓尽致，这不只是李清照个人的悲歌，也是一个时代共同的悲曲。

经典名句

寻寻觅觅，冷冷清清，凄凄惨惨戚戚。

诵读指引

《声声慢·寻寻觅觅》是宋代词人李清照晚年的代表作，是其后期生活的写照，抒发了南渡之后国破家亡的苦难与悲哀。在诵读时整体节奏要慢，注意通过适当的停顿和语势的起伏变化，读出笼罩着整首词作的悲愁。

声声慢·寻寻觅觅

寻寻/觅觅，冷冷/清清，凄凄/惨惨/戚戚。（语速缓慢，语气愁苦，读出沉重与悲凉之感，平行语势）

乍暖/还寒/时候，（语速加快，“乍暖”重读，上行语势）

最难/将息。（语速缓慢，“最难”重读，下行语势）

三杯两盏/淡酒，（语速缓慢，“淡酒”重读，平行语势）

怎敌他/晚来/风急！（语速由快到慢，“怎”“晚来”重读，“晚来风急”声音延长，字字读得缓慢而深沉，下行语势）

雁/过也，（语速缓慢，“雁”重读，上行语势）

正/伤心，（语速缓慢，“正”重读，平行语势）

却是/旧时相识。（语速由快到慢，“却是”重读，下行语势）

满地/黄花/堆积，（语速缓慢，“黄花”重读，平行语势）

憔悴/损，（语速缓慢，“憔悴”重读，平行语势）

如今/有谁/堪摘？（语速缓慢，“如今”重读，上行语势，疑问语气）

守着/窗儿，（语速平缓，“守着”重读，上行语势）

独自/怎生/得黑！（语速缓慢，“独自”“得黑”重读，上行语势）

梧桐/更兼细雨，（语速缓慢，“梧桐”重读，平行语势）

到黄昏/点点滴滴。（语速缓慢，“到”重读，“点点滴滴”声音延长，字字读得缓慢而凄凉，下行语势）

这/次第，（语速加快，“次第”重读，上行语势）

怎/一个/愁字/了得！（语速由快到慢，“了得”重读，下行语势）

青玉案[1]·元夕[2]

G－9

（宋）辛弃疾

东风夜放花千树[3]，更吹落，星如雨[4]。宝马雕(diāo)车[5]香满路。凤箫(xiāo)[6]声动，玉壶[7]光转，一夜鱼龙舞[8]。

蛾(é)儿雪柳黄金缕(lǚ)[9]，笑语盈盈[10]暗香[11]去。众里寻他[12]千百度[13]，蓦(mò)然[14]回首，那人却在，灯火阑珊(lánshān)[15]处。

（绘图：2018 级泰国学生　王玲玲）

词语解释

[1] 青玉案：词牌名。

[2] 元夕：元宵节的别称，时间为农历正月十五。

[3] 花千树：意思是元宵节花灯很多，就像许许多多的树开了花。

[4] 星如雨：形容满天的烟花，当焰火纷纷落下时，就像下雨一样。星：指焰火。

[5] 宝马雕车：指豪华的马车。

[6] 凤箫：箫的美称。

[7] 玉壶：喻指明月。

[8] 鱼龙舞：指舞动鱼、龙形状的彩灯，就像鱼龙闹海一样。

[9] 蛾儿雪柳黄金缕："蛾儿""雪柳""黄金缕"都是古代妇女在元宵节头上佩戴的各种装饰品。这里指代盛装的妇女。

[10] 盈盈：形容举止、仪态美好。这里是形容声音轻盈悦耳。

[11] 暗香：本指花香，这里指女人身上散发出来的香气。

[12] 他：古代汉语中是泛指第三人称，包括"她"。

[13] 千百度：千百遍。

[14] 蓦然：突然，猛然。

[15] 阑珊：形容零落稀疏的样子。

古词今译

花灯犹如被东风吹散的千树繁花，仿佛星星雨般纷纷坠落。豪华的马车在飘香的街道行过。悠扬的凤箫声四处回荡，玉壶般的明月渐渐西斜，鱼灯、龙灯整夜舞动，不曾停歇。

佳人头上戴着各种华丽的饰物，笑语盈盈地随人群走过，满身香气随风飘散。我在人群中寻她千百遍，猛然回头，不经意间却发现她在灯火零落的地方。

作者简介

辛弃疾

字、号：原字坦夫，后改字幼安，别号稼轩

籍贯：历城（今山东济南）

生卒年：1140—1207

身份：宋代豪放派词人、爱国将领

获荣誉称号：有“词中之龙”之称；与苏轼合称“苏辛”；与李清照并称“济南二安”

代表作：《清平乐·村居》《西江月·夜行黄沙道中》《水龙吟·登建康赏心亭》《永遇乐·京口北固亭怀古》等

作品赏析

这是最为著名的一首写元夕的词，也是辛弃疾婉约词的代表作。上片着力描写元夕之夜灯火辉煌、游人如云的热闹场面。作者笔下，火树、星雨、车马、鼓乐，还有那民间艺人们的载歌载舞、鱼龙变化的“社火”百戏，极尽繁华与热闹。而下片笔锋一转，刻画了在这繁华热闹之中的一位不慕荣华、甘守寂寞的佳人形象。热闹的场面中满目都是盛装出游的女子，她们头上戴着各种华丽的饰品，在人群中又说又笑，空中飘散着她们的衣香。然而，这些都不能引起作者的注意，作者千百次寻找，却总是没有结果。忽然回头，不经意间却在那一角残灯旁看见了她。“众里寻他千百度，蓦然回首，那人却在，灯火阑珊处”，被近代著名词学大师王国维用来比喻“古今之成大事业、大学问者”必然经过的三种境界中的第三境界（《人间词话》），意思是说对于成就事业、做学问的人而言，只有在经历了第一境界和第二境界之后，才能有所发现，自己所追寻的东西往往会在不经意之间、在没想到的地方出现。

这首词一方面体现了中国古代元宵节夜晚观灯的民间风俗，另一方面委婉地表现了作者英雄无用武之地的惆怅之感，词中佳人的不肯随波逐流、自甘淡泊和孤芳自赏可视为作者的自喻，体现了辛弃疾在其抗金复国的政治主张受冷落之后，不肯与投降派同流合污的高尚品德。

经典名句

众里寻他千百度，蓦然回首，那人却在，灯火阑珊处。

诵读指引

《青玉案·元夕》是一首歌咏元宵节的节序词，表现了中国古代元宵节夜晚观灯的民间风俗，同时也委婉地抒发了作者英雄无用武之地的惆怅之感。在诵读时整体节奏要快慢交替，注意通过适当的停顿和语势的起伏变化，读出字里行间的惆怅情绪。

青玉案·元夕

东风/夜放/花千树，（语速由快到慢，“东风”重读，“花千树”声音延长，字字读得缓慢而深沉，平行语势）

更/吹落，星/如雨。（语速缓慢，“落”“雨”重读，下行语势）

宝马/雕车/香满路。（语速缓慢，“香满路”重读，下行语势）

凤箫/声动，（语速加快，“动”重读，上行语势）

玉壶/光转，（语速缓慢，“转”重读，下行语势）

一夜/鱼龙舞。（语速缓慢，“鱼龙舞”重读，下行语势）

蛾儿/雪柳/黄金缕，（语速加快，“黄金缕”重读，上行语势）

笑语盈盈/暗香去。（语速由快到慢，“暗香去”声音延长且重读，下行语势）

众里/寻他/千百度，（语速由快到慢，“千百度”声音延长且重读，下行语势）

蓦然/回首，（语速加快，“蓦然”重读，上行语势）

那人/却在，灯火/阑珊处。（语速由快到慢，“阑珊处”声音延长且重读，下行语势）

临江仙[1]·滚滚长江东逝（shì）水[2]

G－10

（明）杨慎（shèn）

滚滚长江东逝水，浪花淘尽[3]英雄。是非成败转头空。青山依旧在，几度夕阳红。

白发渔樵（qiáo）[4]江渚（zhǔ）[5]上，惯看秋月春风。一壶浊酒[6]喜相逢。古今多少事，都付笑谈中。

（绘图：2018级印度尼西亚学生　黄碧素）

词语解释

[1] 临江仙：词牌名。

[2] 东逝水：江水东流远去，就像时间一去不回。

[3] 淘尽：（江水或河水）全部冲走。

[4] 渔樵：打鱼的人和砍柴的人，这里指隐居的人。

[5] 江渚：江中小洲，也可以指江边堤岸。

[6] 浊酒：用糯米、黄米酿造的酒，比较浑浊，和清酒比起来，浊酒比较便宜。古代文人在诗歌中一般喜欢用喝浊酒来形容自己生活虽然穷困，但是精神很独立。

古词今译

滚滚长江一直向东流去，浪花飞逝，古代英雄也随之远去而不再回来了。不管是英雄的对与错，还是成功与失败，现在都是一场空了。只有青山依旧存在，红红的夕阳每天也都会在天边出现。

在江边的白发隐士，过着普通人打鱼、砍柴的生活，他们看惯了岁月的变化。他们在和老朋友见面时会喝一壶浊酒。古今多少事，都留在了朋友们的笑谈中。

作者简介

杨　慎

字、号：字用修，号月溪、升庵

籍贯：四川新都（今四川成都新都）

生卒年：1488—1559

身份：明代文学家，明代状元

获荣誉称号：与解缙、徐渭合称“明代三大才子”

代表作：词作《临江仙·滚滚长江东逝水》等；《升庵集》

作品赏析

《临江仙·滚滚长江东逝水》是一首带有历史感的词，后来被引用在了小说《三国演义》的开头。词人在上片开头把历史和时间比喻成一去不返的长江水：长江水不再回头，就像时间永远向前，历史也永远过去了。古代英雄的是非成败现在都是一场空了，留下的只有青山、夕阳。词的下片则写了隐士的人生态度。对待人生得失、荣辱，要保持一种淡然的态度。一壶浊酒，老朋友相会，在他们的谈笑中，说尽了古往今来的英雄故事。

经典名句

滚滚长江东逝水，浪花淘尽英雄。是非成败转头空。青山依旧在，几度夕阳红。

白发渔樵江渚上，惯看秋月春风。一壶浊酒喜相逢。古今多少事，都付笑谈中。

诵读指引

《临江仙·滚滚长江东逝水》是一首豪放词，写出了人生旷达的情怀，朗读时语气要较为高亢、激昂。朗诵节奏如下：

临江仙·滚滚长江东逝水

滚滚/长江/东逝水，浪花/淘尽/英雄。（声高气足，气势豪迈，有旷达之感）

是非/成败/转头空。（语速放缓，“转头空”重读，读出“转头空”的怅然之感）

青山/依旧在，几度/夕阳红。（语气平静，“夕阳红”声音延长，字字饱满）

白发/渔樵/江渚上，惯看/秋月/春风。（语速放缓，客观叙述语气）

一壶/浊酒/喜相逢。（语速渐快，“喜相逢”重读，上行语势）

古今/多少事，都付/笑谈中。（语速渐缓，“多少事”重读，“笑谈中”声音延长，下行语势，读出豁然洒脱之感）

木兰花[1]·拟古决绝词柬友[2]

jiǎn

G-11

（清）纳兰性德

人生若只如初见，何事秋风悲画扇[3]。等闲[4]变却故人[5]心，却道故人心易变。

lí　　bó

骊山语罢清宵半，泪雨霖铃终不怨[6]。何如薄幸[7]锦衣郎[8]，比翼连枝[9]当日愿。

（绘图：2018 级印度尼西亚学生　黄碧素）

词语解释

［1］木兰花：词牌名。

［2］拟古决绝词柬友：词题的意思是，模拟古代的男女分手词送给朋友。拟：模拟。古决绝词：古代的男女分手词。柬：信。

［3］何事秋风悲画扇：何事：为什么。秋风悲画扇：秋天天冷，再美丽的扇子也没有用，会被抛弃。传说汉成帝的妃子班婕妤（jié yú）被冷落，班婕妤写了《怨歌行》，用秋扇被抛弃来比喻皇帝移情别恋。后来，中国古代诗歌就常用秋扇来比喻女子被情人冷落或者抛弃。

［4］等闲：随随便便，轻易。

［5］故人：情人。

［6］骊山语罢清宵半，泪雨霖铃终不怨：传说唐明皇和杨贵妃在七月七日晚上在骊山发誓以后永远相爱不分离。但是安史之乱爆发后，唐明皇在马嵬（wéi）坡不得不下令处死了杨贵妃，杨贵妃临死前说自己不怨恨。唐明皇后来进入四川时听到雨声、铃声想起杨贵妃感到伤心，就作《雨霖铃》来寄托思念。

［7］薄幸：薄情。

［8］锦衣郎：指唐明皇。

［9］比翼连枝：白居易在《长恨歌》里写唐明皇和杨贵妃的爱情时，有诗句写道："在天愿作比翼鸟，在地愿为连理枝。"

古词今译

人生如果只像第一次见面那样美好，那么就不会有像秋扇一样被抛弃的伤心人了。在爱情中轻易变心的人，（你）却说情人间就是容易变心的。唐明皇和杨贵妃在骊山的夜晚才刚刚山盟海誓，但很快就彼此诀别，听着伤心的雨中铃声，不生怨恨之心。（你）还不如那个薄情的唐明皇，因为毕竟他和杨贵妃还有比翼连枝的誓言。

作者简介

纳兰性德

字、号：字容若，号楞伽山人

籍贯：吉林

生卒年：1655—1685

身份：清代词人

获荣誉称号：“清词三大家”之一

代表作：词集《饮水词》

作品赏析

这首词最打动人的是第一句“人生若只如初见，何事秋风悲画扇”，以一个女子的身份来写情人之间关系的变化。男女之间不能总像一见钟情那样美好纯真，因为无数女子被抛弃的故事告诉人们世界是残酷的。诗歌后面用唐明皇和杨贵妃的爱情悲剧来告诉我们没有永恒的爱情，最后女子斥责薄情的男子还不如唐明皇，毕竟后者还有过短暂的美好誓言。

这首词是写给朋友的一封信，但内容是模拟古代“决绝词”的写法。“决绝词”是以女子的身份讲述男子的薄情，并与之分手决绝。作者用这种方法写信给朋友，似乎是借这首词来批评对方没有朋友之情，要和对方绝交。

经典名句

人生若只如初见，何事秋风悲画扇。

诵读指引

这首词的朗读基调较抒情，要读出女子幽怨、哀伤的心情。节奏如下：

木兰花·拟古决绝词柬友

人生/若只/如初见，何事/秋风/悲画扇。（起句语含深情，追溯往日相识的美好，两句间略作停顿，与下一句的被离弃产生强烈的对比）

等闲/变却/故人心，却道/故人/心易变。（抒发怨情，“心易变”三字重读，显无可奈何之感）

骊山/语罢/清宵半，泪雨/霖铃/终不怨。（“终不怨”三字重读，回忆历史上感人的李杨爱情）

何如/薄幸/锦衣郎，比翼/连枝/当日愿。（“何如”重读，再次表达埋怨和斥责，以坚定分手的决心）

醉太平[1]·讥贪小利者

G－12

夺泥燕口，削铁针头，刮金佛面细搜求：无中觅有。鹌鹑(ān chún)[2]嗉(sù)[3]里寻豌(wān)豆，鹭鸶(lù sī)[4]腿上劈(pī)[5]精肉[6]，蚊子腹内刳(kū)[7]脂油。亏老先生[8]下手！

（绘图：2018级印度尼西亚学生　谢承良）

词语解释

［1］醉太平：曲牌名。此曲牌要求首二句对仗，五、六、七句鼎足对。
［2］鹌鹑：鸟名，头尾短，状如小鸡。
［3］嗉：鸟喉咙下装食物的地方。
［4］鹭鸶：水鸟名，腿长而细瘦，捕食鱼类，又称白鹭。
［5］劈：用刀刮。

［6］精肉：瘦肉。
［7］刳：挖，刮。
［8］老先生：这里是元代对官员的称呼。

古曲今译

从燕子口中夺泥，从针头上削铁屑，从贴金子的佛面上刮金子：在没有中找有。从鹌鹑的喉囊里寻找豌豆，从鹭鸶的腿上劈些精肉，从蚊子的肚子里挖脂油。真亏得你老先生能下手！

作品赏析

这是一首元代散曲，作者不详。这首散曲最大的特点就是运用夸张的手法和一系列的比喻，强烈讽刺了元代那些贪婪成性、压榨百姓的官员，题目是“讥贪小利者”，但曲词中没有出现一个“贪”字，而“贪小利者”的形象已经栩栩如生。他们可以抢夺小小的燕子口中的泥土，可以削下针头细尖上的铁屑，甚至可以无所顾忌地对庄严的佛像下手，刮取一点金子，这一切都是为了“无中觅有”。这首曲子的第五、六、七句是十分工整的鼎足对，非常具有表现力：那些贪图利益的人要在小巧的鹌鹑喉囊里搜求豌豆，要在鹭鸶细长的腿上劈下精肉，要在蚊子细小的肚子里刮出脂油。这一系列的夸张和比喻，鲜明地突出了“贪小利者”的本质，也充分体现了元曲情感率真、诙谐幽默的特点。

经典名句

夺泥燕口，削铁针头，刮金佛面细搜求。

诵读指引

诵读起句时采用调侃的语调，气势逐渐上扬。中间的鼎足对一气呵成，至结句时则铿锵有力，达到讥刺的目的。节奏如下：

醉太平·讥贪小利者

夺泥/燕口，削铁/针头，刮金佛面/细搜求：无中/觅有。鹌鹑嗉里/寻豌豆，鹭鸶腿上/劈精肉，蚊子腹内/刳脂油。亏/老先生下手！

枉(wǎng)凝眉[1]

G－13

（清）曹雪芹

一个是阆(làng)苑(yuàn)仙葩(pā)[2]，一个是美玉无瑕(xiá)[3]。
若说没奇缘[4]，今生偏又遇着他；
若说有奇缘，如何心事终虚化[5]？
一个枉自嗟(jiē)呀[6]，一个空劳牵挂[7]。
一个是水中月，一个是镜中花[8]。
想眼中能有多少泪珠儿，怎禁得[9]秋流到冬尽，春流到夏！

（绘图：2018 级印度尼西亚学生　谢承良）

词语解释

［1］枉凝眉：曲牌名，意思是悲伤难过却没有任何用处。此曲牌应是曹雪芹根据小说人物命运和性格自创自拟的。凝眉：眉头紧锁而发愁的样子。

［2］阆苑仙葩：指林黛（dài）玉，《红楼梦》中黛玉前世是西方灵河岸上三生石畔的一棵绛（jiàng）珠仙草。阆苑：传说中神仙居住的地方。仙葩：仙草。

［3］美玉无瑕：指贾宝玉，《红楼梦》中无才可补苍天的顽石幻化为宝玉来到人间，其心地也纯洁如玉。瑕：玉上面的斑点。

［4］奇缘：奇妙的姻缘。传说宝玉前世又是赤瑕宫的神瑛（yīng）侍者，曾用甘露灌溉绛珠仙草。当神瑛侍者来到人间成为贵族公子贾宝玉时，修成人形的仙草为了报答神瑛侍者的灌溉之恩，也下凡成为贵族小姐林黛玉，以自己一生所有的眼泪作为偿还。

［5］虚化：化为虚有。

［6］一个枉自嗟呀：指黛玉白白地独自叹息。枉：徒然，白白地。嗟呀：因悲伤而叹息。

［7］一个空劳牵挂：指宝玉白白地挂念黛玉。牵挂：对人的挂念。

［8］水中月、镜中花：水中的月亮，镜中的鲜花，都是看似美丽其实虚幻的景象。

［9］怎禁得：怎么禁得起。

古曲今译

一个是仙界中的绛珠仙草，一个是没有斑点的纯洁美玉。如果说没有神奇的姻缘，为什么今生偏偏和他相遇？如果说有神奇的姻缘，为什么两个人的爱情最终成了空？一个徒然地独自叹息，一个白费心思地挂念对方。一个是水中的月亮，一个是镜中的鲜花。想想她（黛玉）的眼中能有多少泪水，怎么禁得起从秋天流到冬天结束，又从春天流到夏天？

作者简介

曹雪芹

字、号：名霑，字梦阮，号雪芹，又号芹圃、芹溪

籍贯：辽宁辽阳（有争议）

生卒年：约1715—约1763

身份：清代著名文学家、小说家

获荣誉称号：中国最伟大的文学家之一，创作的《红楼梦》为中国古典四大名著之一

代表作：小说《红楼梦》

作品赏析

这首曲子出自古典长篇小说《红楼梦》，以预示性的话语说明了女主人公黛玉爱情理想破灭、泪尽而亡的命运。黛玉和宝玉的爱情被称为“木石前盟”，因为在神话世界中他们一个是仙草（木），一个是美玉（石），一个要用今生的眼泪来报恩，一个要在人间体味悲凉、历经劫难。宝黛之间的爱情是前生注定的“奇缘”，在人世间他们二人相知相爱，心灵契合，但这种爱情在看重权势、地位的封建大家庭中十分不合时宜，二人受到多重阻挠，未能如愿走入婚姻，黛玉不顾惜自己的生命，最终泪尽而亡，宝玉被迫与宝钗结婚。宝黛的“木石前盟”被象征着富与贵结合的“金玉良缘”取代，造成了有爱情的没有婚姻、有婚姻的却没有爱情的悲剧。

经典名句

一个是水中月，一个是镜中花。想眼中能有多少泪珠儿，怎禁得秋流到冬尽，春流到夏！

诵读指引

这首曲子情思绵绵，朗读时要以第三方的口吻分述宝黛双方各自的特点，体会有情人偏偏不能成为眷属的伤感和无奈。最后一句“想眼中能有多少泪珠儿，怎禁得秋流到冬尽，春流到夏！”要表现出对泪尽而逝的黛玉的无限痛悼之情。

枉凝眉

一个/是阆苑仙葩，一个/是美玉无瑕。（语调平缓，语速适中，客观描述，略带欣赏的语气）

若说/没奇缘，今生/偏又遇着他；（“没”“偏又”重读）

若说/有奇缘，如何/心事/终虚化？（“有”“终”重读，读出疑问语气）

一个/枉自嗟呀，一个/空劳牵挂。（“枉自嗟呀”“空劳牵挂”重读，读出伤感之情）

一个/是水中月，一个/是镜中花。（“水中月”“镜中花”重读，读出无奈之感）

想眼中/能有/多少泪珠儿，怎禁得/秋/流到冬尽，春/流到夏！（“怎禁得”重读，加强反问语气，“春流到夏”声音延长，字字缓慢而沉重）

晏(yàn)子使楚[1]

G－14

（绘图：2018 级印度尼西亚学生　黄约仕）

（一）

晏子使楚。以晏子短[2]，楚人为(wéi)小门于大门之侧而延[3]晏子。晏子不入，曰：“使狗国者从狗门入。今臣使楚，不当从此门入。”傧(bīn)者[4]更道(gēngdào)[5]，从大门入。

见楚王。王曰：“齐无人耶？”

晏子对[6]曰：“临淄(zī)[7]三百闾(lǘ)[8]，张袂(mèi)[9]成阴，挥汗成雨，比肩继踵(zhǒng)[10]而在，何为无人？”

王曰："然则子何为使乎？"

晏子对曰："齐命[11]使，各有所主[12]。其贤者使使贤主，不肖(xiào)[13]者使使不肖主。婴最不肖，故直[14]使楚矣！"

（二）

晏子将使楚。楚王闻之，谓左右曰："晏婴，齐之习辞者[15]也，今方[16]来，吾欲辱[17]之，何以也[18]？"左右对曰："为其来也，臣请缚(fù)[19]一人，过王而行。王曰：'何为者也？'对曰：'齐人也。'王曰：'何坐[20]？'曰：'坐盗。'"

晏子至，楚王赐晏子酒，酒酣(hān)[21]，吏二缚一人诣(yì)[22]王。王曰："缚者曷(hé)[23]为[24]者也？"对曰："齐人也，坐盗。"王视晏子曰："齐人固[25]善[26]盗乎？"晏子避席[27]对曰："婴闻之，橘(jú)生淮(huái)南则为橘，生于淮北则为枳(zhǐ)[28]，叶徒(tú)[29]相似，其实[30]味不同。所以然者何[31]？水土异也。今民生长于齐不盗，入楚则盗，得无[32]楚之水土使民善盗耶？"

王笑曰："圣人非所与熙(xī)[33]也，寡人反取病焉[34]。"

词语解释

［1］使楚：出使楚国。

［2］短：这里是指人的身材矮小。

［3］延：迎接，引进。
［4］傧者：迎接宾客的人。
［5］更道：更改导向。道：通“导”。
［6］对：回答，应对。
［7］临淄：齐国的首都，在今山东淄博。
［8］闾：古代的社会组织单位，二十五户人家编为一闾。三百闾表示人口众多。
［9］袂：衣袖。
［10］比肩继踵：肩挨着肩，脚跟着脚。形容人很多，很拥挤。比：挨着。踵：脚跟。
［11］命：命令，这里是委任、派遣的意思。
［12］主：主张，这里是规矩、章程的意思。后面的“主”字，是指主人、国君。
［13］不肖：不贤，这里指没有德才的人。
［14］直：只，特意。
［15］习辞者：善于辞令（很会说话）的人。
［16］方：将要。
［17］辱：侮辱。
［18］何以也：用什么办法呢？
［19］缚：捆绑。
［20］何坐：犯什么罪。坐：犯罪。
［21］酒酣：酒喝得正畅快的时候。
［22］诣：到……去。
［23］曷：同“何”，什么。
［24］为：相当于“于”，当。
［25］固：本来。
［26］善：擅长。
［27］避席：离开座位，表示郑重和严肃的意思。古人把席子铺在地上坐，所以座位叫“席”。避：离开。席：座具。
［28］枳：一种灌木类植物，果实小而苦。
［29］徒：只是，仅仅。
［30］其实：它们的果实。
［31］所以然者何：这样的原因是什么呢？然：这样。
［32］得无：莫非。
［33］熙：同“嬉”，开玩笑。
［34］反取病焉：反而自讨没趣了。病：辱。

古文今译

（一）

晏子被派遣到楚国。知道晏子身材矮小，楚人就在大门旁边开了一个小洞请晏子进去。晏子不进去，说：“出使到狗国的人才从狗洞进去，今天我出使到楚国来，不应该从这个洞进去。”迎接宾客的人只好带着晏子改从大门进去。

拜见楚王。楚王说：“齐国没有人可派吗？”晏子严肃地回答说：“齐国的都城临淄有七千五百户人家，人们一起张开袖子，天就阴暗下来；一起挥洒汗水，就会汇成大雨；街上行人肩膀靠着肩膀，脚尖碰脚后跟，怎么能说没有人才呢？”楚王说：“既然这样，那么为什么会打发你来呢？”晏子回答说：“齐国派遣使臣，要根据不同的对象，贤能的人被派遣出使贤能的君王，无才的人被派遣出使无才的君王。我晏婴是最无才的人，所以只好出使楚国了。”

（二）

晏子将要出使楚国。楚王听到这个消息，对身边的侍臣说：“晏婴是齐国善于辞令的人，现在他正要来，我想羞辱他一下，用什么办法呢？”侍臣回答说：“当他来的时候，请让我们绑着一个人从大王面前走过。大王问：‘他是干什么的？’回答说：‘他是齐国人。’大王问：‘犯了什么罪？’回答说：‘犯了偷窃罪。’”

晏子来到楚国，楚王请晏子喝酒，喝得正高兴的时候，两个公差绑着一个人来到楚王面前。楚王问道：“绑着的人是干什么的？”回答说：“是齐国人，犯了偷窃罪。”楚王看着晏子问道：“齐国人本来就善于偷东西吗？”晏子离开了席位郑重地回答道：“我听说过这样一件事：橘树生长在淮河以南的地方就是橘树，生长在淮河以北的地方就是酸苦的枳树，只是叶子相像罢了，它们的果实味道却大不相同。为什么会这样呢？水土条件不同啊。现在这个人生长在齐国不偷东西，一到楚国就偷起东西来了，莫非楚国的水土使他变得喜欢偷东西？”

楚王笑着说：“是不能同圣人开玩笑的，我反而自找没趣了。”

作品赏析

本文选自《晏子春秋》，《晏子春秋》是记载春秋时期（前770—前476）齐国政治家、思想家晏婴言行的一部历史典籍，用史料和民间传说汇编而成，由西汉刘向整理，共有内、外八篇，二百一十五章。晏子，名婴，春秋时期齐国夷维（今山东高密）人。晏婴多年为齐相，生活简朴，身体力行，能不拘一格地选拔人才，在齐国历史上与大政治家管仲并称。

本文通过两则小故事表现了晏子出使他国时机智善辩的才能。晏婴面对楚国人的种种刁难，从容不迫，沉着应对，维护了自己和国家的尊严，展现出晏婴作为外交家所具有的风度和卓越才干。

经典名句

张袂成阴，挥汗成雨，比肩继踵而在。
橘生淮南则为橘，生于淮北则为枳。

诵读指引

本文采用对话体展现晏子出使时机智的应对才能，诵读时注意揣摩说话人的身份和心理，使用恰当的语气、语调表现不同人物的特点，比如晏子拒绝楚人无理要求时斩钉截铁；面对楚王傲慢无礼时不卑不亢，巧妙夸耀了自己的国家；面对楚王借抓住一个盗贼时的有意挑衅，他用语委婉，但绵里藏针，将计就计，以其人之道还治其人之身，维护了国家的尊严。

师　说

G－15

（唐）韩愈

（绘图：2018 级老挝学生　宋美珠）

古之学者[1]必有师。师者，所以传道受业解惑也[2]。人非生而知之者[3]，孰(shú)能无惑？惑而不从师，其为惑也[4]，终不解矣。生乎吾前[5]，其闻[6]道也固先乎吾，吾从而师之[7]；生乎吾后，其闻道也亦先乎吾，吾从而师之。吾师道也[8]，夫庸(yōng)知其年之先后生于吾乎[9]？是故[10]无[11]贵无贱，无长(zhǎng)无少(shào)，道之所存，师之所存也[12]。

嗟乎！师道[13]之不传也久矣！欲人之无惑也难矣！古之圣人，其出人[14]也远矣，犹且[15]从师而问焉；今之众人[16]，其下[17]圣人也亦远矣，而耻学于师[18]。是故圣益圣，愚益愚[19]。圣人之所以为圣，愚人之所以为愚，其皆出于此乎？爱其子，择师而教之；于其身[20]也，则耻师焉，惑矣[21]。彼童子之师[22]，授之书而习其句读(dòu)[23]者，非吾所谓传其道解其惑者也。句读之不知[24]，惑之不解，或师焉，或不(fǒu)焉[25]，小学而大遗[26]，吾未见其明也。巫医[27]乐(yuè)师百工[28]之人，不耻相师[29]。士大夫之族[30]，曰师曰弟子云者[31]，则群聚而笑之。问之，则曰：“彼与彼年相若[32]也，道相似也。位卑则足羞，官盛则近谀(yú)[33]。”呜呼！师道之不复[34]可知矣。巫医乐师百工之人，君子[35]不齿[36]，今其智乃[37]反不能及，其可怪也欤(yú)[38]！

圣人无常师[39]。孔子师郯(tán)子[40]、苌(cháng)弘(hóng)[41]、师襄(xiāng)[42]、老聃(dān)[43]。郯子之徒[44]，其贤不及孔子。孔子曰：三人行，则必有我师[45]。是故弟子不必[46]不如师，师不必贤于弟子，闻道有先后，术业有专攻[47]，如是而已。

李氏子蟠(pán)[48]，年十七，好(hào)古文，六艺经传(zhuàn)皆通习之[49]，不拘于时[50]，学于余。余嘉(jiā)其能行古道[51]，作师说以贻(yí)[52]之。

词语解释

[1] 学者：求学的人，学生。

[2] 师者，所以传道受业解惑也：老师，是用来传授道理、教给学业、解释疑难问题的人。所以：用来……的。道：指儒家之道。受：通“授”，传授。业：泛指古代经、史、诸子之学及古文写作。惑：疑难问题。

[3] 人非生而知之者：人不是生下来就懂得道理。知：懂得。之：指知识和道理。

[4] 其为惑也：他所存在的疑惑。

［5］生乎吾前：出生在我前面的人，即比我年龄大的人。乎：相当于“于”，在。

［6］闻：听见，引申为知道，懂得。

［7］从而师之：跟从（他），拜他为老师。师：意动用法，以……为师。

［8］吾师道也：我（是向他）学习道理。师：用作动词，学习。

［9］夫庸知其年之先后生于吾乎：哪里去考虑他的年龄比我大还是小呢？庸：难道。知：了解，知道。

［10］是故：因此，所以。

［11］无：无论，不分。

［12］道之所存，师之所存也：意思是说哪里有道存在，哪里就有我的老师存在。

［13］师道：从师的传统。即上文所说的“古之学者必有师”。

［14］出人：超出于众人之上。

［15］犹且：尚且。

［16］众人：普通人，一般人。

［17］下：不如，名词用作动词。

［18］耻学于师：以向老师学习为耻。耻：以……为耻。

［19］是故圣益圣，愚益愚：因此圣人更加圣明，愚人更加愚昧。益：更加，越发。

［20］于其身：对于他自己。身：自身，自己。

［21］惑矣：（真是）糊涂啊！

［22］彼童子之师：那些教小孩子的（启蒙）老师。

［23］授之书而习其句读：教给他书，（帮助他）学习其中的文句。之：指童子。习：使……学习。其：指书。句读：也叫句逗，指断句和停顿处。

［24］句读之不知：不知断句和停顿。

［25］或师焉，或不焉：有的（指“句读之不知”这样的小事）从师，有的（指“惑之不解”这样的大事）不从师。不：通“否”。

［26］小学而大遗：学了小的（指“句读之不知”）却丢了大的（指“惑之不解”）。遗：丢弃，放弃。

［27］巫医：古时巫、医不分，指以看病和降神祈祷为职业的人。

［28］百工：各种手艺。

［29］相师：拜别人为师。

［30］族：类。

［31］曰师曰弟子云者：说起老师、弟子的时候。

［32］年相若：年岁相近。

［33］位卑则足羞，官盛则近谀：以地位低的人为师就感到羞耻，以高官为师就近乎谄（chǎn）媚（mèi）。足：可，够得上。盛：高大。谀：谄媚。

［34］复：恢复。

［35］君子：即上文的“士大夫之族”。

［36］不齿：不屑与之同列，即看不起，或作“鄙之”。

［37］乃：竟，竟然。

［38］其可怪也欤：难道值得奇怪吗？其：难道，表反问。欤：语气词，表感叹。

［39］圣人无常师：圣人没有固定的老师。常：固定的。

［40］郯子：春秋时郯国（今山东郯城县）的国君，相传孔子曾向他请教官职。

［41］苌弘：东周敬王时期的大夫，相传孔子曾向他请教古乐。

［42］师襄：春秋时鲁国的乐官，名襄，相传孔子曾向他学琴。

［43］老聃：即老子，姓李名耳，春秋时楚国人，思想家，道家学派创始人。相传孔子曾向他学习周礼。“聃”是老子的字。

［44］之徒：这类。

［45］三人行，则必有我师：三人同行，其中必定有我的老师。《论语·述而》原话：“子曰：‘三人行，必有我师焉。择其善者而从之，其不善者而改之。’”

［46］不必：不一定。

［47］术业有专攻：在业务上各自有专门研究。攻：学习，研究。

［48］李氏子蟠：李家的孩子名蟠。李蟠：韩愈的弟子，唐德宗贞元十九年（803 年）进士。

［49］六艺经传皆通习之：六艺的经文和传文都普遍地学习了。六艺：指六经，即《诗》《书》《礼》《乐》《易》《春秋》六部儒家经典。《乐》已失传，此为古说。经：两汉及其之前的散文。传：古称解释经文的著作为传。通：普遍。

［50］不拘于时：指不受当时以求师为耻的不良风气的束缚。时：时俗，指当时士大夫中耻于从师的不良风气。于：被。

［51］余嘉其能行古道：赞许他能遵行古人从师学习的风尚。嘉：赞许，嘉奖。

［52］贻：赠送，赠予。

古文今译

古代求学的人一定有老师。老师，是传授道理、讲授学业、解答疑难问题的。人不是一生下来就懂得知识和道理的，谁能没有疑惑？有疑惑却不求老师指教，那疑难的问题，就始终不能解决。在我之前出生的人，他懂得知识和道理本来就比我早，我跟从他并以他为师；在我之后出生的人，如果他懂得知识和道理也比我早，我也跟从他学习并以他为师。我学习的是道理，哪里用得着知道他的年龄是比我大还是比我小呢？因此，无论地位高低贵贱，无论年纪大小，道理存在的地方，就是老师存在的地方。

唉！从师求学的传统已经失传很久了，想要人们没有疑惑很难啊！古代的圣人，他们超出一般人很远了，尚且跟从老师、向老师请教学问道理；现在的一般人，他们跟圣人相差很远了，却以向老师学习为羞耻。所以圣人就更加圣明，愚人就更加愚昧。圣人能成为圣人的原因，愚人能成为愚人的原因，大概就是出于这个缘故吧？爱自己的孩子，选择老师来教他。但是对于自己，却以跟从老师学习为可耻，糊涂啊！那些教一般人读书、学习句子停顿的老师，不是我所说的传授道理、解答疑难问题的老师。不知道断句要问老师，有疑惑不能解决却不愿问老师，小的方面（句读）要学习，大的方面（解惑）却丢弃，我没见到这样的人聪明在哪儿。巫医、乐师及各种工匠，不以互相学习为耻。士大夫这类人，听到有人说起老师、弟子的时候，就聚集在一起嘲笑这个人。问那些嘲笑者嘲笑的原因，他们就说：“那个人与某人年龄相近，修养和学业也差不多，怎么能称他为老师呢？以地位低的人为师，足以感到羞愧，称官位高的人为师就近于谄媚。”啊！古代从师学习的风尚不能恢复，由此就可以知道了。巫医、乐师及各种工匠，是士大夫们所看不起的，现在士大夫们的见识反而比不上这些人了。这真是很奇怪啊！

圣人没有固定的老师，孔子曾经以郯子、苌弘、师襄、老聃为师。郯子这一类人，他们的道德才能当然不如孔子。孔子说：“多人同行，其中就一定有人可以做我的老师。”因此学生不一定不如老师，老师也不一定比弟子有贤能，懂得道理有先有后，学问和技艺各有各的专长，如此罢了。

李氏的儿子李蟠，年纪十七岁，爱好古文，六艺的经文和传文都普遍学习了，不受时俗的限制，向我学习。我赞许他能实行古人从师学习的风尚，写了这篇《师说》来送给他。

作者简介

韩　愈

字、号：字退之，世称“韩昌黎”“昌黎先生”

籍贯：河南河阳（今河南孟州）

生卒年：768—824

身份：官至监察御史，唐代文学家、思想家、哲学家、政治家

获荣誉称号：“唐宋八大家”之首；与柳宗元并称“韩柳”；有“文章巨公”和“百代文宗”之名

代表作：《早春呈水部张十八员外二首》《论佛骨表》《师说》《进学解》等

作品赏析

《师说》是一篇非常著名的论说文，写于唐德宗贞元十八年（802 年），当时韩愈任四门博士，这篇文章是他写给自己的学生李蟠的。

文章论述了教师的重要作用、从师学习的必要性和原则，批判了当时社会上“耻学于师”的错误观念，提出只要是胜过自己或有专长的人都可以作自己的老师，不应该因为地位

贵贱或年龄差别，就不肯虚心学习。文章注重讲道理、摆事实，有很强的说服力。全文共分四段。

第一段，提出全文的中心论点“古之学者必有师”，从正面论述从师的必要性和选择教师的标准。一开头就提出“古之学者必有师”，这里的“必有”语气十分肯定，揭示出学生和教师的关系，强调从师学习的必要性。接着说“师者，所以传道受业解惑也”，全面规定了教师的职责范围，指出教师的作用。然后引出择师的态度和标准，推出了“无贵无贱，无长无少，道之所存，师之所存也”的结论。这一观点直接指向了士大夫阶层的门第观念，提出了在学问面前人人平等的思想。

第二段，指出今人不从师学习的恶果、表现和原因，批判“耻学于师”的不良风气。作者运用了三组对比，将论述的重点转移到批判现实中来。先以“古之圣人”与“今之众人”作对比，指出圣与愚的分界就在于是否从师而学；再以择师教子和自身“耻师焉”作对比，指出这是“小学而大遗”的糊涂做法；最后将“巫医乐师百工之人”和“士大夫之族”的学习态度进行对比，揭示了士大夫反而比不上巫医、乐师、百工的奇怪现象，引人深思。

第三段，以孔子对待教师的言行为例，说明从师应有的态度，进一步阐明教与学的关系，以及能者为师的道理。凡是在道与业方面胜过自己或有一技之长的人都可以作自己的老师，呼应了“道之所存，师之所存”这一观点，也是对士大夫之族耻于向“位卑”者、“年近”者从师的批判。

第四段，交代写这篇文章的原因，表扬李蟠，肯定他从师的态度，进一步批判抛弃师道的今之众人。

经典名句

师者，所以传道受业解惑也。

是故无贵无贱，无长无少，道之所存，师之所存也。

孔子曰：三人行，则必有我师。是故弟子不必不如师，师不必贤于弟子，闻道有先后，术业有专攻，如是而已。

诵读指引

《师说》是一篇论说文，文中论述了教师的重要性，批判了“耻学于师”的错误观念。文章注重讲道理、摆事实，朗读时整体基调较为平静，语气较为舒缓。

表达观点的片段，要慢读，读出肯定的语气。如：

古之学者/必有师。师者，所以/传道受业解惑也。人非/生而知之者，孰能无惑？惑/而不从师，其为/惑也，终/不解矣。生乎吾前，其闻道/也固先乎吾，吾从而/师之；生乎吾后，其闻道/也亦先乎吾，吾从而/师之。吾师/道也，夫庸知/其年之先后/生于吾乎？是故/无贵无贱，无长无少，道之/所存，师之/所存也。

对于人物说的话，要注意语气。如：

问之，则曰："彼与彼/年/相若也，道/相似也。位卑/则足羞，官盛/则近谀。"

感叹的语气要重读，上升语势。如：

嗟乎！师道之不传/也久矣！欲人之无惑/也难矣！
呜呼！师道之不复/可知矣。

湖心亭[1]看雪

G－16

（明）张岱(dài)

（绘图：2018级印度尼西亚学生　黄碧素）

崇祯(zhēn)五年[2]十二月，余住西湖。大雪三日，湖中人鸟声俱绝[3]。是日更(gēng)定[4]矣，余拏(ná)[5]一小舟，拥毳(cuì)衣[6]炉火，独往湖心亭看雪。雾凇(sōng)沆(hàng)砀(dàng)[7]，天与云与山与水，上下一白。湖上影子，惟长堤(dī)[8]一痕(hén)、湖心亭一点、与余舟一芥(jiè)[9]、舟中人两三粒而已。

到亭上，有两人铺毡(zhān)[10]对坐，一童子烧酒，炉正沸(fèi)。见余大喜，曰："湖中焉得[11]更有此人！"拉余同饮。余强(qiǎng)饮三大白[12]而别。问其姓氏，是金陵[13]人，客此[14]。

及下船，舟子[15]喃(nán)喃曰："莫说相(xiàng)公[16]痴(chī)，更有痴[17]似相公者！"

词语解释

[1] 湖心亭：杭州西湖里的湖心亭。
[2] 崇祯五年：1632 年。
[3] 俱绝：都没有。
[4] 是日更定：是日：这一天。更定：晚上八点。
[5] 拏：划（船）。
[6] 毳衣：带毛的皮衣。
[7] 雾凇沆砀：雾凇：水汽凝结的冰花。沆砀：白茫茫一片。
[8] 长堤：西湖里的白堤。
[9] 一芥：一粒芥菜籽，形容很小。
[10] 毡：毛毯。
[11] 焉得：怎么能得到。
[12] 三大白：三大杯。
[13] 金陵：南京。
[14] 客此：旅行住在这里。
[15] 舟子：船夫。
[16] 相公：这里是尊称，船夫用来称呼作者。
[17] 痴：傻，迷恋。船夫在这里是说作者和普通人的行为不同。

古文今译

崇祯五年十二月，我住在西湖边。大雪下了三日，西湖已经没有了行人和飞鸟的声音。

这天晚上八点，我划着一条小船，穿着带毛的皮衣，带着火炉，独自去湖心亭看雪。雾气凝结，白茫茫的一片，天空、白云、远山和湖水都白成一片。湖水中的影子，只有一道长堤的痕迹，一点湖心亭的影子，以及我的小船、船中的两三个小小的人影罢了。

到了湖心亭，发现有两个人正坐在毡子上，旁边一个小孩在烧酒，炉火正在沸腾。他俩看到我很高兴地说："想不到在湖中还有你这样的人啊！"邀请我一起喝酒。我痛饮了三大杯，然后和他们告别。问他们的姓名，说是金陵人，在这里做客旅行。

回去要下船的时候，船夫喃喃地说："别说相公您痴，还有像您一样痴的人啊！"

作者简介

张　岱

字、号：字宗子，又字石公，号陶庵

籍贯：浙江山阴（今浙江绍兴）

生卒年：1597—1689

身份：明末清初文学家、史学家

获荣誉称号：以小品文见长，以"小品圣手"名世

代表作：《陶庵梦忆》《西湖梦寻》《夜航船》等

作品赏析

《湖心亭看雪》收录在《陶庵梦忆》中，是一篇回忆散文。张岱晚年生活穷困，在乡间避难，这篇文章就是回忆其年轻时在雪中游览西湖的故事。

文章一开头就写得很巧妙。冬天雪下了三日，作者没有直接写看不到什么人和鸟，而是写西湖这个地方已经没有人和鸟的声音了。这是从声音的角度来写西湖的安静，这也对比出了作者和普通人的不一样——他要在这时游览西湖。

第二段写在湖中划船去湖心亭时看到的景色。到处都是一片白色，只有映在湖水中的影子是深色的。这里写出了作者在这个世界中是非常孤独的。

第三段却写在湖心亭中，竟然发现还有两个人在喝酒。原来还有人比作者来得更早。见面后大家都很开心，作者喝了三杯酒后就坐船回去了。

文章结尾是最有意思的。船夫好像在埋怨作者，他说这个世界上像作者一样痴的还是大有人在的。

这篇小短文，写景生动，故事情节也一波三折，读完之后让人回味很久。当回首过去，我们能有几次独来独往、想走就走的旅行，去享受那种“人鸟声俱绝”的安静呢？在这篇文章中，张岱就给读者留下了这个自由自在的梦想。

经典名句

大雪三日，湖中人鸟声俱绝。

莫说相公痴，更有痴似相公者。

诵读指引

《湖心亭看雪》是一篇抒情小短文，中间有写景的片段，也有人物对话。朗读基调较为平静。

写景的片段，要慢读，如中间一段表列举的句子，要一句一顿，不要快。如：

是日/更定矣，余拏/一小舟，拥/毳衣/炉火，独往/湖心亭/看雪。雾凇/沆砀，天与云与山与水，上下/一白。湖上/影子，惟/长堤/一痕、湖心亭/一点、与/余舟/一芥、舟中人/两三粒而已。

人物说的话，要注意语气。如：

见余大喜，曰："湖中焉得更有此人！"（上行语势）

舟子喃喃曰："莫说相公痴，更有痴似相公者。"（下行语势）

我爱这土地

G－17

艾青

（绘图：2018级印度尼西亚学生　谢承良）

假如我是一只鸟，

我也应该用嘶哑（sī yǎ）[1]的喉咙歌唱：

这被暴风雨所打击着的土地，

这永远汹涌（xiōng yǒng）[2]着我们的悲愤的河流，

这无止息[3]地吹刮着的激怒的风，

和那来自林间的无比温柔的黎明……
——然后我死了，
连羽毛也腐(fǔ)烂[4]在土地里面。

为什么我的眼里常含泪水？
因为我对这土地爱得深沉[5]……

词语解释

[1] 嘶哑：声音沙哑。
[2] 汹涌：（水）猛烈地向上涌或向前翻滚，形容波浪又大又急。
[3] 止息：停止。
[4] 腐烂：烂掉。
[5] 深沉：形容程度深。

作者简介

艾　青（原名蒋正涵）

字、号：字养源，号海澄

籍贯：浙江金华

生卒年：1910—1996

身份：现当代文学家、诗人、画家

获荣誉称号：1985 年获法国文学艺术最高勋章；中国现代诗的代表诗人之一

代表作：《大堰河——我的保姆》《北方》《向太阳》《我爱这土地》《黎明的通知》

作品赏析

《我爱这土地》是中国现代诗人艾青于1938年写的一首诗。当时日本侵略军攻占武汉，作者满怀对祖国的挚爱和对侵略者的仇恨写下了这首诗。

诗歌一开头诗人就把自己想象成“一只鸟”，借鸟儿与土地的关系来展开全诗。鸟儿“用嘶哑的喉咙歌唱”暗示了当时悲壮的时代氛围（抗战初期）。而“土地”是民族精神的象征、中华文明的象征，也是祖国命运的象征。鸟儿对土地的深爱正是作者对祖国的热爱。接下来，作者依次推出他要歌唱的对象：土地、河流、风、黎明。在这片诗人深爱的土地上，正在经历着战争与苦难，“悲愤”和“激怒”的中华民族正在觉醒，在战斗，“无比温柔的黎明”是有希望到来的。所以，不管这片土地多么破烂、多么令人痛苦，这里都是生育自己、养育自己的祖国，即便为这片土地痛苦到死，也不愿意离开——“死了”以后连“羽毛”也要“腐烂在土地里面”。这里通过写鸟儿生前为土地歌唱，死后仍然要魂归大地，表达作者对土地执着的爱。鸟儿与土地生死相依、忠贞不渝的强烈情感，象征着诗人刻骨铭心、至死不变的最伟大、最深沉的爱国之心。最后两句“为什么我的眼里常含泪水？因为我对这土地爱得深沉……”再回归到土地这个意象上来，深化了诗歌的爱国主题。

经典名句

为什么我的眼里常含泪水？
因为我对这土地爱得深沉……

诵读指引

诗人在这首诗中把自己比作一只鸟，表达了对祖国的挚爱和对侵略者的仇恨。朗读时要感情饱满，注意语气的抑扬顿挫。

我爱这土地

假如/我是/一只鸟，（语速缓慢，充满深情）
我也应该/用嘶哑的喉咙/歌唱：（语气坚定，“嘶哑”“歌唱”重读）
这/被暴风雨/所打击着的/土地，（语含悲壮）
这/永远汹涌着/我们的/悲愤的/河流，（“永远”“悲愤”重读，上行语势）
这/无止息地/吹刮着的/激怒的/风，（“风”声音延长，上行语势）
和/那来自林间的/无比温柔的/黎明……（语气渐轻柔，下行语势）
——然后/我/死了，（“我”“死了”一字一顿）
连羽毛/也腐烂在/土地里面。（语气冷静，下行语势）
为什么/我的眼里/常含泪水？（“常含泪水”声音延长，上行语势）
因为/我对这土地/爱得/深沉……（“土地”“爱”重读，“深沉”声音延长，饱含深情）

从百草园到三味书屋

G－18

鲁迅

（绘图：2019 级泰国学生　王月华）

我家的后面有一个很大的园，相传叫作百草园。现在是早已并屋
子一起卖给朱文公的子孙了，连那最末次的相见也已经隔了七八年，
záo
其中似乎确凿[1]只有一些野草；但那时却是我的乐园。

qí　zào jiá
不必说碧绿的菜畦[2]，光滑的石井栏，高大的皂荚树[3]，紫红的
sāng shèn
桑葚[4]；也不必说鸣蝉在树叶里长吟，肥胖的黄蜂伏在菜花上，轻
cuàn　xiāo
捷的叫天子（云雀）忽然从草间直窜向云霄[5]里去了。单是周围的

短短的泥墙根一带，就有无限趣味。油蛉(líng)在这里低唱，蟋蟀(xī shuài)们在这里弹琴。翻开断砖来，有时会遇见蜈蚣(wú gōng)；还有斑蝥(bān máo)[6]，倘若用手指按住它的脊(jǐ)梁，便会啪的一声，从后窍(qiào)喷出一阵烟雾。何首乌藤和木莲藤缠络[7]着，木莲有莲房一般的果实，何首乌有臃肿(yōng zhǒng)[8]的根。有人说，何首乌根是有像人形的，吃了便可以成仙，我于是常常拔它起来，牵连不断地拔起来，也曾因此弄坏了泥墙，却从来没有见过有一块根像人样。如果不怕刺，还可以摘到覆(fù)盆子[9]，像小珊瑚(shān hú)珠攒(cuán)[10]成的小球，又酸又甜，色味都比桑葚要好得远。

长的草里是不去的，因为相传这园里有一条很大的赤练蛇。

长妈妈[11]曾经讲给我一个故事听：先前，有一个读书人住在古庙里用功，晚间，在院子里纳凉的时候，突然听到有人在叫他。答应着，四面看时，却见一个美女的脸露(lòu)在墙头上，向他一笑，隐去了。他很高兴；但竟给那走来夜谈的老和尚识破了机关。说他脸上有些妖气，一定遇见“美女蛇”了；这是人首蛇身的怪物，能唤人名，倘一答应，夜间便要来吃这人的肉的。他自然吓得要死，而那老和尚却道无妨，给他一个小盒子，说只要放在枕边，便可高枕而卧。他虽然照样办，却总是睡不着，——当然睡不着的。到半夜，果然来了，沙沙沙！门外像是风雨声。他正抖作一团时，却听得豁(huò)的一声，一道金光从枕边飞出，外面便什么声音也没有了，那金光也就飞回来，敛(liǎn)[12]

在盒子里。后来呢？后来，老和尚说，这是飞蜈蚣，它能吸蛇的脑髓(suǐ)，美女蛇就被它治死了。

结末的教训是：所以倘有陌生的声音叫你的名字，你万不可答应他。

这故事很使我觉得做人之险，夏夜乘(chéng)凉，往往有些担心，不敢去看墙上，而且极想得到一盒老和尚那样的飞蜈蚣。走到百草园的草丛旁边时，也常常这样想。但直到现在，总还是没有得到，但也没有遇见过赤练蛇和美女蛇。叫我名字的陌生声音自然是常有的，然而都不是美女蛇。

冬天的百草园比较的无味；雪一下，可就两样了。拍雪人（将自己的全形印在雪上）和塑雪罗汉需要人们鉴赏[13]，这是荒园，人迹罕(hǎn)至[14]，所以不相宜，只好来捕鸟。薄(báo)薄的雪，是不行的；总须积雪盖了地面一两天，鸟雀们久已无处觅食[15]的时候才好。扫开一块雪，露出地面，用一支短棒支起一面大的竹筛(shāi)来，下面撒些秕(bǐ)谷[16]，棒上系(jì)一条长绳，人远远地牵着，看鸟雀下来啄食，走到竹筛底下的时候，将绳子一拉，便罩住了。但所得的是麻雀居多，也有白颊(jiá)[17]的“张飞鸟”，性子很躁，养不过夜的。

这是闰(rùn)土的父亲所传授的方法，我却不大能用。明明见它们进去了，拉了绳，跑去一看，却什么都没有，费了半天力，捉住的不过三四只。闰土的父亲是小半天便能捕获几十只，装在叉袋里叫着撞着的。我曾经问他得失的缘由，他只静静地笑道：你太性急，来不及等它走到中间去。

我不知道为什么家里的人要将我送进书塾(shú)[18]里去了，而且还是全城中称为最严厉的书塾。也许是因为拔何首乌毁了泥墙罢，也许是因为将砖头抛到间(jiàn)壁的梁家去了罢，也许是因为站在石井栏上跳了下来罢……都无从知道。总而言之：我将不能常到百草园了。Ade[19]，我的蟋蟀们！Ade，我的覆盆子们和木莲们！……

出门向东，不上半里，走过一道石桥，便是我先生的家了。从一扇黑油的竹门进去，第三间是书房。中间挂着一块匾(biǎn)[20]道：三味书屋；匾下面是一幅画，画着一只很肥大的梅花鹿伏在古树下。没有孔子牌位，我们便对着那匾和鹿行礼。第一次算是拜孔子，第二次算是拜先生。

第二次行礼时，先生便和蔼(hé ǎi)地在一旁答礼。他是一个高而瘦的老人，须发都花白了，还戴着大眼镜。我对他很恭敬，因为我早听到，他是本城中极方正、质朴、博学的人。

不知从哪里听来的，东方朔(shuò)[21]也很渊博，他认识一种虫，名曰“怪哉(zāi)[22]”，冤气所化，用酒一浇，就消释[23]了。我很想详细地知道这故事，但阿长是不知道的，因为她毕竟不渊博。现在得到机会了，可以问先生。

“先生，‘怪哉’这虫，是怎么一回事？……”我上了生书，将要退下来的时候，赶忙问。

“不知道！”他似乎很不高兴，脸上还有怒色了。

我才知道做学生是不应该问这些事的，只要读书，因为他是渊博的宿儒[24]，决不至于不知道，所谓不知道者，乃是不愿意说。年纪比我大的人，往往如此，我遇见过好几回了。

我就只读书，正午习字，晚上对课[25]。先生最初这几天对我很严厉，后来却好起来了，不过给我读的书渐渐加多，对课也渐渐地加上字去，从三言到五言，终于到七言。

三味书屋后面也有一个园，虽然小，但在那里也可以爬上花坛去折蜡梅花，在地上或桂花树上寻蝉蜕（chán tuì）[26]。最好的工作是捉了苍蝇喂蚂蚁，静悄悄地没有声音。然而同窗们到园里的太多，太久，可就不行了，先生在书房里便大叫起来：

“人都到哪里去了？！”

人们便一个一个陆续走回去；一同回去，也不行的。他有一条戒尺，但是不常用，也有罚跪的规则，但也不常用，普通总不过瞪几眼，大声道：

“读书！”

于是大家放开喉咙读一阵书，真是人声鼎沸（dǐng fèi）[27]。有念“仁远乎哉我欲仁斯仁至矣”的，有念“笑人齿缺曰狗窦（dòu）大开[28]”的，有念“上九潜龙勿用”的，有念“厥（jué）[29]土下上上错厥贡苞茅橘柚”的……先生自己也念书。后来，我们的声音便低下去，静下去了，只有他还大声朗读着：

“铁如意，指挥倜傥（tì tǎng）[30]，一坐皆惊呢；金叵罗（pǒ luó）[31]，颠倒淋漓噫，千杯未醉嗬……”

我疑心这是极好的文章，因为读到这里，他总是微笑起来，而且将头仰起，摇着，向后面拗（ǎo）[32]过去，拗过去。

先生读书入神的时候，于我们是很相宜的。有几个便用纸糊的盔（kuī）甲（jia）[33]套在指（zhǐ）甲上做戏。我是画画儿，用一种叫作“荆（jīng）川纸”的，蒙在小说的绣像上一个个描下来，像习字时候的影写一样。读的书多起来，画的画也多起来；书没有读成，画的成绩却不少了，最成片段的是《荡寇（kòu）志》和《西游记》的绣像[34]，都有一大本。后来，为要钱用，卖给一个有钱的同窗了。他的父亲是开锡（xī）箔（bó）[35]店的；听说现在自己已经做了店主，而且快要升到绅（shēn）士的地位了。这东西早已没有了吧。

词语解释

［1］确凿：确实。
［2］菜畦：菜地。
［3］皂荚树：树名，果皮等可以用来当肥皂。
［4］桑葚：桑树的果实。
［5］云霄：很高的天空。
［6］斑蝥：和上文的油蛉、蟋蟀、蜈蚣一样，是一种小虫子。
［7］缠络：缠在一起。
［8］臃肿：形容很粗大。
［9］覆盆子：植物名。开红色的花，结红色的果实。
［10］攒：凑在一块儿。
［11］长妈妈：鲁迅小时候家里的女工。后面称她为“阿长”。
［12］敛：收在一起。
［13］鉴赏：鉴别，欣赏。
［14］人迹罕至：很少有人来。

[15] 觅食：寻找食物。
[16] 秕谷：长得不饱满的稻谷。
[17] 白颊：白脸。
[18] 书塾：古代的私塾学校。
[19] Ade：德语 Auf Wiedersehen，再见。
[20] 匾：这里指挂在墙上题字的横牌。
[21] 东方朔：西汉时期的人。
[22] 怪哉：传说中一种奇怪的虫。
[23] 消释：这里指在酒水里融化消失。
[24] 宿儒：有学问的老学者。
[25] 对课：旧时教学生练习对仗的一种功课。
[26] 蝉蜕：蝉幼虫脱下的壳。
[27] 人声鼎沸：人声喧哗吵闹。
[28] 狗窦大开：笑话别人没有牙齿。
[29] 厥：那个。
[30] 倜傥：潇洒，洒脱。
[31] 金叵罗：金制酒器。
[32] 拗：弯过去。
[33] 盔甲：古代军人身上穿的战衣。
[34] 绣像：明清通俗小说中的人物白描画像。
[35] 锡箔：用于制作祭奠死者的纸钱。

作者简介

鲁　迅（原名周樟寿）

字、号：后改名周树人，字豫山，后改字豫才，鲁迅是他的笔名

籍贯：浙江绍兴

生卒年：1881—1936

身份：中国现代著名文学家、思想家

获荣誉称号：中国现代文学的奠基人；中国翻译文学的开拓者；中国现代思想解放先驱

代表作：小说集《呐喊》《彷徨》《故事新编》等；散文集《朝花夕拾》等

作品赏析

鲁迅在《从百草园到三味书屋》这篇散文里记述了自己童年和少年的事情。前半部分写了童年时在家里后院“百草园”里无忧无虑的生活，有乐趣无穷的花草虫鸟，有奇怪的美女蛇传说，还有雪天里捕捉麻雀的趣事，等等。散文的后半部分讲述了在三味书屋里读书的故事，有方正严格的老师，也有童真童趣的同伴，还有小园子里的蝉蜕和蚂蚁，也有在桌案上儿童的玩耍，等等。

这篇文章写于1926年，鲁迅已经是45岁的中年人了。所以读者可以从文字中体会到作者对童年、少年那种深深的怀念。文章最后写到自己在课桌描摹的纸画可能再也没有了的时候说：“这东西早已没有了吧。”这里说的也正是作者的童年、少年都一去不复返了。正像读者您，当读懂这段话的时候，您的童年、少年也一去不回来了。

经典名句

不必说碧绿的菜畦，光滑的石井栏，高大的皂荚树，紫红的桑葚；也不必说鸣蝉在树叶里长吟，肥胖的黄蜂伏在菜花上，轻捷的叫天子（云雀）忽然从草间直窜向云霄里去了。单是周围的短短的泥墙根一带，就有无限趣味。油蛉在这里低唱，蟋蟀们在这里弹琴。

诵读指引

《从百草园到三味书屋》是一篇叙述散文，朗读基调要平静、舒缓。个别承上启下的语句稍微加强语气，如文章中间告别百草园，去私塾上学的几句：

总而言之：我将不能常到百草园了。Ade，我的蟋蟀们！Ade，我的覆盆子们和木莲们！……

背　影

G－19

朱自清

（绘图：暨南大学华文学院华文教育系教师　李小燕）

我与父亲不相见已二年余了，我最不能忘记的是他的背影。

那年冬天，祖母死了，父亲的差(chāi)使[1]也交卸(xiè)[2]了，正是祸不单行的日子。我从北京到徐州，打算跟着父亲奔丧(bēn sāng)[3]回家。到徐州见着父亲，看见满院狼藉(jí)[4]的东西，又想起祖母，不禁簌簌地流下眼泪。父亲说：“事已如此，不必难过，好在天无绝人之路！”

回家变卖典质[5]，父亲还(huán)了亏空；又借钱办了丧事。这些日子，家中光景[6]很是惨淡，一半为了丧事，一半为了父亲赋(fù)闲[7]。丧事完毕，父亲要到南京谋事，我也要回北京念书，我们便同行。

到南京时，有朋友约去游逛，勾留[8]了一日；第二日上午便须渡江到浦(pǔ)口，下午上车北去。父亲因为事忙，本已说定不送我，叫旅馆里一个熟识的茶房[9]陪我同去。他再三嘱咐茶房，甚是仔细。但他终于不放心，怕茶房不妥帖(tuǒ tiē)[10]；颇踌躇(pō chóu chú)[11]了一会。其实我那年已二十岁，北京已来往过两三次，是没有什么要紧的了。他踌躇了一会，终于决定还是自己送我去。我再三劝他不必去；他只说：“不要紧，他们去不好！”

我们过了江，进了车站。我买票，他忙着照看行李。行李太多了，得向脚夫[12]行些小费才可过去。他便又忙着和他们讲价钱。我那时真是聪明过分，总觉他说话不大漂亮，非自己插嘴不可，但他终于讲定了价钱；就送我上车。他给我拣定了靠车门的一张椅子；我将他给我做的紫毛大衣铺好座位。他嘱我路上小心，夜里要警醒些，不要受凉。又嘱托茶房好好照应我。我心里暗笑他的迂(yū)；他们只认得钱，托他们只是白托！而且我这样大年纪的人，难道还不能料理自己么？唉，我现在想想，那时真是太聪明了！

我说道：“爸爸，你走吧。”他望车外看了看，说：“我买几个橘子去。你就在此地，不要走动。”我看那边月台的栅(zhà)栏外有几个卖东西的等着顾客。走到那边月台，须穿过铁道，须跳下去又爬上去。父亲是一个胖子，走过去自然要费事些。我本来要去的，他不肯，只好让他去。我看见他戴着黑布小帽，穿着黑布大马褂(guà)[13]，深青布棉袍，蹒跚(pán shān)[14]地走到铁道边，慢慢探身下去，尚不大难。可是他穿过铁道，要爬上那边月台，就不容易了。他用两手攀(pān)着上面，两脚再向上缩；他肥胖的身子向左微倾，显出努力的样子。这时我看见他的背影，我的泪很快地流下来了。我赶紧拭(shì)干了泪，怕他看见，也怕别人看见。我再向外看时，他已抱了朱红的橘子往回走了。过铁道时，他先将橘子散(sǎn)放在地上，自己慢慢爬下，再抱起橘子走。到这边时，我赶紧去搀(chān)他。他和我走到车上，将橘子一股脑儿放在我的皮大衣上。于是扑扑衣上的泥土，心里很轻松似的。过一会说："我走了，到那边来信！"我望着他走出去。他走了几步，回过头看见我，说："进去吧，里边没人。"等他的背影混入来来往往的人里，再找不着了，我便进来坐下，我的眼泪又来了。

近几年来，父亲和我都是东奔西走，家中光景是一日不如一日。他少年出外谋生，独力支持，做了许多大事。哪知老境却如此颓(tuí)唐！他触目伤怀，自然情不能自已。情郁于中，自然要发之于外；家庭琐(suǒ)屑便往往触他之怒。他待我渐渐不同往日。但最近两年的不见，他终于忘却我的不好，只是惦记着我，惦记着我的儿子。我北来后，他写了一信给我，信中说道："我身体平安，惟膀(wéi bǎng)子疼痛厉害，举箸(zhù)[15]提笔，诸多不便，大约大去之期[16]不远矣。"我读到此处，在晶莹(yíng)的泪光中，又看见那肥胖的、青布棉袍黑布马褂的背影。唉！我不知何时再能与他相见！

词语解释

［1］差使：旧时官场中指临时委任的职务，后来泛指职务或官职。

［2］交卸：指卸去职务向后任交代情况，就是交接工作。

［3］奔丧：在外听到亲人去世而赶回去处理丧事。丧：跟死了人有关的（事情）。

［4］狼藉：散乱、不整齐的样子。也作“狼籍”。

［5］典质：典当，抵押。

［6］光景：境况。

［7］赋闲：没有职业在家闲居。

［8］勾留：逗留。

［9］茶房：旧时称在旅馆、茶馆、轮船、火车、剧场等地从事供应茶水等杂务工作的人。

［10］妥帖：恰当，合适。

［11］踌躇：犹豫，拿不定主意。

［12］脚夫：指搬运工人。

［13］马褂：旧时男子穿在长袍外面的对襟短褂。

［14］蹒跚：走路缓慢、摇摆的样子。

［15］箸：筷子。

［16］大去之期：辞世的日子。

作者简介

朱自清

字、号：原名自华，号实秋，后改名自清，字佩弦

籍贯：江苏扬州

生卒年：1898—1948

身份：中国现代著名散文家、诗人、学者

代表作：散文《背影》《荷塘月色》《春》《绿》等

作品赏析

《背影》是现代著名作家朱自清于1925年所写的一篇回忆性散文。这篇散文叙述的是作者的祖母去世，办完丧事，父子俩同到南京，父亲送作者去北京大学，那年作者20岁。父亲送作者到火车站，照料他上车，并替他买橘子。让作者印象最深刻的，是他父亲替他买橘子时在月台爬上攀下时的背影。作者用朴素的文字，把父亲对儿子的关怀、体贴、爱护，表达得深刻细腻，真挚感人。

全文可分为三部分。第一部分（第1~3段），交代人物，叙述跟父亲回家奔丧的情景。文章开头用“最不能忘记的是他的背影”，点出题目。第二部分（第4~6段），写父亲为作者送行的情景，重点描写父亲去买橘子的背影，表现父子间的真挚感情。第三部分（最后1段），写对父亲的想念。

这篇散文写作上的主要特点是抓住父亲的“背影”在叙事中抒发父子深情。“背影”在文章中出现了四次，第一次开篇点题“背影”，传达出浓厚的思念之情。第二次车站送别，作者对父亲的“背影”做出具体的描绘，写了当时父亲的体态、穿着打扮以及买橘子时穿过铁路的情形。第三次是父亲和作者告别后，作者望着父亲的“背影”在人群中渐渐消失，离情别绪，感人泪下。第四次在文章的结尾，作者读着父亲的来信，在泪光中再次浮现了父亲的“背影”，与文章开头呼应，把父子之间的真挚感情表现了出来，令人感动。

经典名句

我与父亲不相见已二年余了，我最不能忘记的是他的背影。

我读到此处，在晶莹的泪光中，又看见那肥胖的、青布棉袍黑布马褂的背影。唉！我不知何时再能与他相见！

诵读指引

朗读这篇散文时整体上要注意感情的起伏变化，特别是人物的心理活动、语言描写，要根据人物身份模拟出不同的语气。全篇应注意在看似平静的回忆中读出深厚的父子之情。如开篇的思念之情、买橘后的离别之情、读信时的想念与无奈之情，适宜运用舒缓深情的语气来读。

匆匆

G-20

朱自清

（绘图：2018 级印度尼西亚学生　谢承良）

燕子去了，有再来的时候；杨柳枯了，有再青的时候；桃花谢了，有再开的时候。但是，聪明的，你告诉我，我们的日子为什么一去不复返呢？——是有人偷了他们吧：那是谁？又藏在何处呢？是他们自己逃走了吧：现在又到了哪里呢？

我不知道他们给了我多少日子，但我的手确乎[1]是渐渐空虚[2]了。在默默里算着，八千多日子已经从我手中溜去，像针尖上一滴水滴在大海里，我的日子滴在时间的流里，没有声音，也没有影子。我不禁头涔（cén）涔[3]而泪潸（shān）潸[4]了。

去的尽（jǐn）管去了，来的尽管来着；去来的中间，又怎样地匆匆呢？早上我起来的时候，小屋里射进两三方斜斜的太阳。太阳他有脚啊，轻轻悄悄地挪（nuó）移了；我也茫茫然跟着旋转（zhuǎn）。于是——洗手的时候，日子从水盆里过去；吃饭的时候，日子从饭碗里过去；默默时，便从凝（níng）然的双眼前过去。我觉察他去得匆匆了，伸出手遮挽（zhē wǎn）时，他又从遮挽着的手边过去，天黑时，我躺在床上，他便伶伶俐俐[5]地从我身上跨过，从我脚边飞去了。等我睁开眼和太阳再见，这算又溜走了一日。我掩着面叹息。但是新来的日子的影儿又开始在叹息里闪过了。

在逃去如飞的日子里，在千门万户的世界里的我能做些什么呢？只有徘徊（pái huái）[6]罢了，只有匆匆罢了。在八千多日的匆匆里，除徘徊外，又剩些什么呢？过去的日子如轻烟，被微风吹散了，如薄（bó）雾，被初阳蒸融（zhēng róng）[7]了；我留着些什么痕迹呢？我何曾留着像游丝[8]样的痕迹呢？我赤裸（luǒ）裸来到这世界，转眼间也将赤裸裸的回去吧？但不能平的，为什么偏要白白走这一遭啊？

你聪明的，告诉我，我们的日子为什么一去不复返呢？

词语解释

[1] 确乎：的确。

[2] 空虚：里面没有什么实在的东西，不充实。
[3] 涔涔：形容汗水、泪水等不断往下流的样子。
[4] 潸潸：形容流泪不止。
[5] 伶伶俐俐：聪明灵活。
[6] 徘徊：在一个地方来回走动。
[7] 蒸融：被初升的太阳热得融化，蒸发消融。
[8] 游丝：蜘蛛吐的丝，在空中飘荡，故称“游丝”。

作 者 简 介

朱自清

字、号：原名自华，号实秋，后改名自清，字佩弦

籍贯：江苏扬州

生卒年：1898—1948

身份：中国现代著名散文家、诗人、学者

代表作：散文《背影》《荷塘月色》《春》《绿》等

作 品 赏 析

《匆匆》是朱自清写于1922年3月的一篇著名的散文，尽管当时的社会令人失望和苦恼，但“五四”知识青年没有停下脚步，他们忙于救国，忙于追求光明和希望，留下匆匆的身影。作者在这样的背景下，紧扣“匆匆”二字，表达了作者对时光流逝的无奈、伤感和惋(wǎn)惜，提出“匆匆”的每一刹(chà)那都有它的意义与价值，提醒人们珍惜时间。

文章第一段以一串排比句开头，气势强烈地问出“我们的日子为什么一去不复返呢?”这段表达出作者迷茫、困惑和苦恼的心理状态。第二段则以平静的语调说“我不知道他们给了我多少日子，但我的手确乎是渐渐空虚了”，写出时间悄悄流逝后，作者无助又哀伤的心理。第三段仿佛是作者的自言自语，细致地刻画作者所感受到的时光易逝。如“太阳他有脚啊，轻轻悄悄地挪移了；我也茫茫然跟着旋转。于是——洗手的时候，……从我脚边飞去了”。这里运用了反复和拟人的修辞手法。反复使用“……日子……过去”这一语句，不仅加强了节奏感，也反映了强烈、激动的情绪，能产生强大的感染力量。而将太阳拟人化，伤感之中又有那么一点儿幽默与无可奈何。第四段则又回到第一段的节奏上，以六个问句向人生发出一种追问，反映出作者心中的焦虑。在这问与答的一起一伏之中，表达了对于生命的理解，对于时间“匆匆”的感悟。最后一段“你聪明的，告诉我，我们的日子为什么一去不复返呢？”与第一段的问句相互呼应，引人思考，令人久久回味。

经典名句

燕子去了，有再来的时候；杨柳枯了，有再青的时候；桃花谢了，有再开的时候。但是，聪明的，你告诉我，我们的日子为什么一去不复返呢？

洗手的时候，日子从水盆里过去；吃饭的时候，日子从饭碗里过去；默默时，便从凝然的双眼前过去。我觉察他去得匆匆了，伸出手遮挽时，他又从遮挽着的手边过去，天黑时，我躺在床上，他便伶伶俐俐地从我身上跨过，从我脚边飞去了。等我睁开眼和太阳再见，这算又溜走了一日。我掩着面叹息。但是新来的日子的影儿又开始在叹息里闪过了。

诵读指引

这是一篇提醒人们珍惜时间的散文，表达了对时光流逝的无奈与伤感，提出哪怕是“匆匆”的一瞬间也是有意义和有价值的。朗读时要有饱满的激情，读出振聋发聩的气势。第一段开头语气平缓，到问句那里语势逐渐强烈，读出困惑又苦恼的心情；第二段回到低沉平缓的语气，读出哀伤又无助的心情；第三段开头语气比较平静，到排比句出现时逐渐加快语速，读出面对时间匆匆而过无能为力的强烈、激动的情绪；第四段语气更加强烈，节奏加快，读出六个追问句中焦虑的心情。最后一段语气舒缓深沉，读出令人深思的问句，表达出忧伤的情绪。

提高篇

春江花月夜

T－1

（唐）张若虚

（绘图：2018 级印度尼西亚学生　陈玲燕）

春江潮水连海平，海上明月共潮生。

滟滟(yàn)[1]随波千万里，何处春江无月明！

江流宛(wǎn)转绕芳甸(diàn)[2]，月照花林皆似霰(xiàn)[3]。

空里流霜不觉飞，汀(tīng)[4]上白沙看不见。

江天一色无纤尘，皎(jiǎo)皎空中孤月轮。

江畔(pàn)何人初见月？江月何年初照人？

人生代代无穷已，江月年年望相似。
不知江月待何人，但见长江送流水。
fēng shèng
白云一片去悠悠[5]，青枫浦[6]上不胜愁。
piān
谁家今夜扁舟子[7]？何处相思明月楼[8]？
可怜楼上月徘徊，应照离人[9]妆镜台。
zhēn fú huán
玉户[10]帘中卷不去，捣衣砧上拂还来。
此时相望不相闻，愿逐[11]月华流照君。
鸿雁长飞光不度，鱼龙潜跃水成文。
tán huán
昨夜闲潭[12]梦落花，可怜春半不还家。
xiá
江水流春去欲尽，江潭落月复西斜。
xié jié xiāo
斜月沉沉藏海雾，碣石潇湘[13]无限路。
不知乘月[14]几人归，落月摇情[15]满江树。

词语解释

[1] 滟滟：波光荡漾的样子。
[2] 芳甸：芳草丰茂的原野。
[3] 霰：空中白色的小冰粒。
[4] 汀：沙滩，小洲。
[5] 悠悠：渺茫，深远。
[6] 青枫浦：地名，泛指游子所在的地方。
[7] 扁舟子：飘荡江湖的游子。扁舟：小舟。
[8] 明月楼：月夜下的闺楼，这里指闺中的思妇。
[9] 离人：此处指思妇。
[10] 玉户：形容楼阁华丽，以玉石镶嵌。

［11］逐：追随。

［12］闲潭：幽静的水潭。

［13］碣石、潇湘：两地一南一北，暗指路途遥远，相聚无望。碣石：山名，在今河北省昌黎县。潇湘：河水名。潇水和湘水在湖南零陵汇合，流入洞庭湖。

［14］乘月：趁着月光。

［15］摇情：激荡情思，犹言牵情。

古诗今译

春天的江潮水势浩荡，与大海连成一片，
一轮明月从海上升起，好像与潮水一起涌出来。
月光随着波浪荡漾千万里，哪个地方的春江没有月光的照耀？
江水弯弯曲曲，绕着长满花草的原野流淌，
月光照在开遍鲜花的树林，好像细小的冰粒。
月光下空中的飞霜难以察觉，小洲上的白沙也看不分明。
江水和天空融成一色，没有一丝灰尘，明亮的天空中只悬挂着一轮月亮。
江边上是什么人最初看见了月亮？江上的月亮又是哪一年最初照耀着人们？
人生一代一代地没有穷尽，而江上的月亮望起来一年一年总是那么相似。
不知道江上的月亮在等待着什么人，只见长江日夜不停地送别着流水。
一片白云飘荡到远方，青枫浦上不尽的忧愁。
谁家的游子今夜在小船上飘荡？什么地方的女子在明月照着的楼上思念？
可怜楼上的月光缓慢地移动，应该照在思妇的梳妆台上。
精美的门帘卷不走恼人的月色，捣衣砧上怎么也拂不掉离愁的月光。
此时可以互望月亮，却不能互通音讯，我愿意随着月光照耀着您。
鸿雁不停地飞翔，却飞不出无边的月光，鱼儿在水中跳跃，激起阵阵波纹。
昨天夜里梦见花儿落在幽静的水潭，可惜春天已过了一半，自己却还不能回家。
江水带着春光将要流尽，江潭上的月亮正在西落。
斜月渐渐下沉，藏在海雾之中，碣石和潇湘的距离是那么遥远。
（但）不知此时乘着月光有多少游子正在回家的路上，落月摇荡着他们的情思，洒满江边的树林。

作者简介

张若虚

字、号：不详

籍贯：江苏扬州

生卒年：约 670—约 730

身份：唐代诗人

获荣誉称号：与贺知章、张旭、包融并称“吴中四士”

代表作：诗作《春江花月夜》《代答闺梦还》

作品赏析

《春江花月夜》是乐府旧题，此诗以月为主体、以江为场景，描绘了融春、江、花、月、夜为一体的奇丽景色。在无比深沉、寥廓而宁静的自然面前，诗人发现了宇宙和个体生命之间存在着永恒与短暂、无限与有限、无情与有情的冲突：“江畔何人初见月？江月何年初照人？人生代代无穷已，江月年年望相似。不知江月待何人，但见长江送流水。”带着对自然永恒的追问，带着对宇宙奥秘的探索，诗人又转回到当下的人间世界，想到了同一轮明月下漂泊在外的游子和高楼上的思妇，虽然“碣石”“潇湘”相隔千里，但彼此的思念可以冲破千山万水，在这个永恒的天地之间，在春、江、花、月、夜构成的时空面前，唯有人间纯洁的爱情能与之媲(pì)美抗衡了吧。这首诗被闻一多先生誉为“诗中的诗，顶峰上的顶峰”，在它的面前，“一切的赞叹是饶(ráo)舌，几乎是亵渎(xiè dú)”。在它的面前，我们能做的也只有认真地诵读、静静地体会。

经典名句

春江潮水连海平，海上明月共潮生。滟滟随波千万里，何处春江无月明！
江畔何人初见月？江月何年初照人？人生代代无穷已，江月年年望相似。

诵读指引

《春江花月夜》全诗共三十六句，每四句一换韵，韵调优美，诵读时可以先按同一韵脚的四句为单位熟读全诗。根据所表达的内容全诗诵读时可分为前后两个部分：从诗歌开篇到“不知江月待何人，但见长江送流水”为第一部分，前八句语调舒缓，描绘出春、江、花、月、夜的清丽美景，给人身临其境之感。后八句语调逐渐高扬，表达出对宇宙、人生的思索和终极追问，形成全诗的情感高潮。

第二部分从“白云一片去悠悠，青枫浦上不胜愁”一直到结尾，内容上转入抒发游子和恋人间的悠悠相思之情，缠绵不尽的情思令人如梦如幻。结尾的四句讲斜月下沉，藏于海雾之中，游子、思妇也相隔千山万水，诵读时语调依旧舒缓，但不宜过于低沉，因为此时此刻不是还有很多游子乘月归家吗？这份归家之情足以令人期盼，令人心生温暖，明天又会迎来一个“海上明月共潮生”的美丽画面，所以诵读最后四句时要展现出兜底全诗的力量，结束全篇。

蜀道难

T－2

（唐）李白

（绘图：2018 级印度尼西亚学生　谢承良）

yī xū hū　　　　zāi
噫吁嚱[1]，危乎高哉！

蜀道之难，难于上青天。

　　　　fú
蚕丛及鱼凫[2]，开国何茫然[3]！

　　　　　　　　　　　　sài
尔来[4]四万八千岁[5]，不与秦塞[6]通人烟[7]。

　　　　　　　　　　　　　　　　　　diān
西当太白[8]有鸟道[9]，可以横绝[10]峨眉[11]巅[12]。

　　　cuī　　　　　　　zhàn
地崩山摧壮士死，然后天梯石栈相钩连[13]。

上有六龙回日[14]之高标[15]，下有冲波[16]逆折[17]之回川[18]。

黄鹤[19]之飞尚[20]不得过，猿猱(náo)[21]欲度愁攀援。

青泥[22]何盘盘[23]，百步九折[24]萦(yíng)[25]岩峦(luán)。

扪(mén)[26]参(shēn)历[27]井[28]仰胁息[29]，以手抚膺(yīng)[30]坐[31]长叹。

问君[32]西游何时还(huán)？畏途[33]巉(chán)岩[34]不可攀。

但见[35]悲鸟号(háo)古木[36]，雄飞雌从绕林间。

又闻子规[37]啼夜月，愁空山。

蜀道之难，难于上青天，使人听此凋(diāo)朱颜[38]。

连峰去天不盈尺，枯松倒挂倚绝壁。

飞湍(tuān)[39]瀑流争喧豗(huī)[40]，砯(pīng)[41]崖转(zhuǎn)[42]石万壑(hè)雷。

其险也如此，嗟[43]尔[44]远道之人胡为[45]乎来哉？

剑阁[46]峥(zhēng)嵘(róng)[47]而崔嵬(wéi)[48]，一夫[49]当关[50]，万夫莫开。

所守[51]或匪(fěi)亲[52]，化为狼与豺(chái)[53]。

朝避猛虎，夕避长蛇[54]。

磨牙吮(shǔn)[55]血(xiě)，杀人如麻。

锦城[56]虽云乐(lè)，不如早还(huán)家。

蜀道之难，难于上青天，侧身西望长咨(zī)嗟[57]！

词语解释

［1］噫吁嚱：惊叹词，蜀地方言，表示惊讶。

［2］蚕丛、鱼凫：传说中古蜀国开国的两个国王。

［3］茫然：久远不可知。

［4］尔来：自从蚕丛、鱼凫开国以来。

［5］四万八千岁：极言年代久远。

［6］秦塞：秦地，秦中自古被称为四塞之国。

［7］通人烟：相互往来。

［8］西当太白：西面对着太白山。太白：即太白山，为秦岭山脉的主峰，在今陕西省宝鸡市。

［9］鸟道：高入云霄狭窄而危险的山路。

［10］横绝：横越。

［11］峨眉：山名，在今四川省峨眉山市。

［12］巅：顶峰。

［13］地崩山摧壮士死，然后天梯石栈相钩连：与五个力士开山的神话有关。传说以前秦和蜀之间只有一条人所不能通行的山路，后来秦惠王为了开发蜀地，就答应送给蜀王五位美女，蜀王派五个力士去迎接。当回到四川梓潼（zǐ tóng）（今剑阁县之南）时，看见一条大蛇钻入山洞，五个力士就一齐拉住蛇尾想把蛇拖出来，结果一声巨响，地动山摇，山被拉倒了，力士们都被压死，美女化成了石人，山也被分成了五岭，这样秦蜀之间才修建了一条和栈道相连的山路。摧：倒塌。天梯：非常陡峭的山路。石栈：栈道。

［14］六龙回日：指山非常高耸险峻，连羲（xī）和都要因此回车。古代神话认为，天上有个太阳神叫羲和，他每天驾着六条龙拉的车子，载着太阳在空中运行，从东边的扶桑一直到西边的若木。

［15］高标：山的最高峰，成为这一带高山的标志。

［16］冲波：水流冲击飞起的波浪，这里指激流。

［17］逆折：水流回旋。

［18］回川：有漩涡的河流。

［19］黄鹤：善飞的大鸟。

［20］尚：尚且。

［21］猿猱：最善攀缘的猴子。

［22］青泥：青泥岭，在今陕西省略阳县，是由秦入蜀的必经之路。

［23］盘盘：屈曲的样子。

［24］百步九折：意思是在极短的路程内就要转很多弯。“百”“九”都是虚数。

［25］萦：盘绕。

［26］扪：用手摸。

［27］历：经过。

［28］参、井：天上的星宿（xiù）。古人把天上的星宿和地上的区域联系起来，称为分野。秦属于参宿的分野，蜀属于井宿的分野。

［29］胁息：屏住呼吸。这句话的意思是说山高入天，行人仰头看，伸手就可以摸到天上的星宿，紧张得连气也不敢透。

［30］膺：胸口。

［31］坐：因此。

［32］君：入蜀行路之人。

［33］畏途：可怕的路途。

［34］巉岩：险恶陡峭的山壁。

［35］但见：只见。

［36］号古木：在古树中大声悲叫。

［37］子规：即杜鹃鸟、布谷，又名杜宇。相传杜鹃鸟是蜀国望帝魂魄所化，春末时彻夜不停啼叫“不如归去”，一直啼到满嘴流血，血化为红色的杜鹃花。子规的啼声哀怨悲苦，令人不禁起相思之情。

［38］凋朱颜：红润的容颜为之憔悴。

［39］飞湍：飞奔而下的急流。

［40］喧豗：巨大的喧闹声。

［41］砯：水撞击岩石的声音。

［42］转：翻滚。

［43］嗟：感叹声。

［44］尔：你。

［45］胡为：为什么。

［46］剑阁：地名，今四川省广元市剑阁县，有剑门关天险。

［47］峥嵘：山势高峻突兀。

［48］崔嵬：高耸。

［49］一夫：一人。

［50］当关：把住关口。

［51］所守：指把守关口的人。

［52］或匪亲：假若不是可靠的人，匪：同“非”。

［53］狼与豺：比喻残害人民的叛乱者。

［54］猛虎、长蛇：都是指可能起来叛乱的人。

［55］吮：吸。

［56］锦城：即锦官城，成都的别称。

［57］咨嗟：叹息。

古诗今译

唉呀呀！多么高峻陡峭啊！
蜀道难以攀登啊，简直难于登上青天！
传说是蚕丛和鱼凫建立了蜀国，开国的年代是多么遥远。
从那时到现在有四万八千年，秦蜀之间就没有人员沟通往来。
西边太白山有飞鸟能过的狭窄小道，可以从那里横度峨眉山顶端。
山岭崩塌五位力士被压死，然后才开始有山路和栈道相通连。
上有太阳神回转六龙车的高峰，下有激浪排空回旋曲折的河流。
善于高飞的黄鹤尚且无法飞过，善爬的猿猴想翻过也愁于攀缘。
青泥岭是多么曲折，百步之内无数个弯路盘绕在山峦间。
摸着星星仰着头屏住呼吸向前，用手抚着胸口为此惊恐长叹。
请问您西游入蜀何时回还？可怕的路途险恶的山壁实在难以登攀！
只听见悲鸟在古树上啼叫，雄鸟、雌鸟相随飞绕在深林之间。
又听见杜鹃鸟在月夜里啼叫，哀怨之声在空寂的山中令人更加忧愁。
蜀道难以攀登啊，简直难于登上青天，叫人听到这些惊恐色变。
山峰相连，离天还不到一尺，枯松倒挂，倚贴在绝壁之间。
急流瀑布飞泻，争相喧闹，冲击岩石的声音像万千深谷中的响雷。
蜀道的艰险到了这种地步，唉呀呀你这个远路的客人为什么还要来呢？
剑阁险峻耸入云端，如果一人把住关口，即使千军万马也难以攻占。
守卫这里的官员如果不是自己的亲信，很可能就会变为豺狼一样的叛乱者。
清晨要躲避凶险的猛虎，傍晚要躲避恶毒的长蛇。
这些豺狼虎蛇个个磨利牙齿，吮吸鲜血，杀人如麻，无比凶残。
锦官城虽然说是个快乐的地方，但蜀道如此险恶不如早早地回家。
蜀道难以攀登啊，简直难于登上青天，侧身西望不禁让人长久地叹息！

作者简介

李　白

字、号：字太白，号青莲居士

籍贯：陇西成纪（今甘肃秦安）

生卒年：701—762

身份：唐代浪漫主义诗人

获荣誉称号：“诗仙”

代表作：《静夜思》《望庐山瀑布》《行路难三首》《蜀道难》《将进酒》等

作品赏析

这是一首颇能代表李白诗风的作品。“蜀道难”是乐府旧题。李白借用这一古题，描写出蜀道的惊险和旅程的艰难。“蜀道之难，难于上青天”是这首诗歌要表达的主题，写蜀道上的山高路险难以逾越时，诗人采用了五丁开山、六龙回日等神话传说，为蜀道增添了无比神奇的色彩。在写行人旅程的艰难时，诗人夸张地摹写路人的神情和动作，“扪参历井仰胁息，以手抚膺坐长叹”，把蜀道的危险状写得如在眼前。写蜀道一路上山川风光的奇险时，既有“悲鸟号古木”“子规啼夜月”的恐怖哀怨，又有“连峰去天不盈尺，枯松倒挂倚绝壁”的惊险刺激，更有水流激荡、水声轰隆的磅礴气势，整首诗语句长短不一，语言表达自由流畅，奇特的想象力和极度的夸张充分展现了李白作为浪漫主义诗人所特有的澎湃激情。

经典名句

蜀道之难，难于上青天。

一夫当关，万夫莫开。

诵读指引

诵读这首诗以前，一定要充分理解诗歌的内容，借助自己的想象力，感受李白笔下蜀道山川景色的惊险和奇诡(guǐ)，体会诗句中所描绘的一幅幅画面，如此才能找到恰当的情绪进行表现。

诗歌起句就点明了主题，“噫吁嚱，危乎高哉！蜀道之难，难于上青天”，这里可以通过延长语气词读音、字音重读和高扬的语调来表现诗人内心汹涌澎湃的感慨，达到先声夺人的效果。紧接着“蚕丛及鱼凫，开国何茫然！尔来四万八千岁，不与秦塞通人烟”，是诗人在追忆历史，语调可以稍舒缓一些，“何茫然”三字可以字音慢读，表现出历史远去、难以再企及的微茫感。“西当太白有鸟道，可以横绝峨眉巅。地崩山摧壮士死，然后天梯石栈/相钩连”，除了字音重读外，“地崩”“山摧”“壮士死”之间可以增加一些节奏上的跳跃感，在“天梯石栈”后面略做停顿，以表现蜀道最终修成之不易。“上/有六龙回日之高标，下/有冲波逆折之回川”这一句是在说蜀道的山峰高可入云，山间峡谷深不可测，通过“上”“下”两字后的略做停顿以示对比，表现出空间上的距离感和画面感。紧接着的“黄鹤之飞/尚不得过，猿猱欲度/愁攀援”，语气无奈，因为那些能飞善攀的动物面对蜀道都没有办法。“青泥/何盘盘，百步九折/萦岩峦。扪参历井/仰胁息，以手抚膺/坐长叹。问君西游/何时还？畏途巉岩/不可攀”要表现出人的惊恐之态，因为人真的走到蜀道的青泥岭时，只会吓得脸色剧变、抚胸长叹了。

蜀道不仅山势险峻，而且环境十分荒凉空寂，“但见/悲鸟号古木，雄飞雌从/绕林间。又闻子规啼夜月，愁/空山”。这里语气可以低沉一些，“愁”字重音慢读，以展现悲凉之感。“蜀道之难，难于上青天，使人听此/凋朱颜。”这是主题句的复唱，总结了上文，在情感投入上不用作过多渲染。“连峰去天/不盈尺，枯松倒挂/倚绝壁。飞湍瀑流/争喧豗，砯崖转石/万壑雷。”这里的语速可以稍快，字音重读且有节奏感，以展现奇松挂壁、急流飞瀑的宏大气势。“其险/也如此，嗟尔远道之人/胡为乎来哉”读出诗人总结上文和反问的语气。

“剑阁峥嵘/而崔嵬，一夫当关，万夫莫开”，语气要坚定有力。“所守/或匪亲，化为狼与豺。朝避猛虎，夕避长蛇。磨牙吮血，杀人/如麻。锦城虽云乐，不如/早还家”中的短句较多，可以通过适当的停连来改变节奏，如“朝避猛虎”“夕避长蛇”“磨牙吮血”三句可以连接较紧，减少停顿时间，而在“杀人”后做一停顿。最后“蜀道之难，难于上青天，侧身西望长咨嗟”再次感叹，字音重读，首尾呼应；“长咨嗟”三字可以重音慢读，结束全诗。

长恨歌

T－3

（唐）白居易

（绘图：2018 级印度尼西亚学生　谢承良）

汉皇[1]重色[2]思倾(qīng)国[3]，御(yù)宇[4]多年求不得。

杨家有女[5]初长成，养在深闺(guī)人未识。

天生丽质[6]难自弃，一朝(zhāo)选在君王侧。

回眸(móu)一笑百媚生，六宫粉黛(dài)[7]无颜色[8]。

春寒赐浴华清池[9]，温泉水滑洗凝脂[10]。

侍儿[11]扶起娇无力，始是新承恩泽[12]时。

云鬓(bìn)[13]花颜金步摇[14]，芙蓉帐[15]暖度春宵[16]。

春宵苦短日高起，从此君王不早朝(cháo)。

承欢侍宴无闲暇，春从春游夜专夜。

后宫佳丽三千[17]人，三千宠爱在一身。

金屋[18]妆成娇侍夜，玉楼宴罢醉和春。

姊妹弟兄皆列土[19]，可怜[20]光彩生门户。

遂(suì)令天下父母心，不重生男重生女。

骊(lí)宫[21]高处入青云，仙乐风飘处处闻。

缓歌慢舞凝丝竹[22]，尽日君王看不足。

渔阳[23]鼙(pí)鼓[24]动地来，惊破霓(ní)裳(cháng)羽衣曲[25]。

九重城阙(què)[26]烟尘生[27]，千乘(shèng)万骑(jì)西南行[28]。

翠华摇摇行复止，西出都(dū)门百余里[29]。

六军[30]不发无奈何，宛转[31]蛾(é)眉[32]马前死。

花钿(diàn)[33]委地[34]无人收，翠翘(qiào)金雀玉搔(sāo)头[35]。

君王掩面救不得，回看血泪相和(huò)流。

黄埃散漫风萧索，云栈[36]萦纡(yū)[37]登剑阁[38]。

峨嵋山[39]下少人行，旌(jīng)旗无光日色薄(bó)。

蜀江水碧蜀山青，圣主朝(zhāo)朝暮暮情。

行宫[40]见月伤心色，夜雨闻铃肠断声。

天旋日转[41]回龙驭(yù)[42]，到此踌躇不能去。
马嵬坡下泥土中，不见玉颜空死处。
君臣相顾尽沾衣，东望都门信马[43]归。
归来池苑皆依旧，太液[44]芙蓉未央[45]柳。
芙蓉如面柳如眉，对此如何不泪垂？
春风桃李花开日，秋雨梧桐叶落时。
西宫南内[46]多秋草，落叶满阶红不扫。
梨园弟子[47]白发新，椒(jiāo)房[48]阿(ā)监[49]青娥[50]老。
夕殿萤飞思悄(qiǎo)然，孤灯挑尽[51]未成眠。
迟迟[52]钟鼓初长夜，耿耿[53]星河欲曙(shǔ)天[54]。
鸳鸯瓦[55]冷霜华[56]重(zhòng)，翡翠衾(qīn)[57]寒谁与共[58]。
悠悠生死别经年，魂魄不曾来入梦。
临邛(qióng)道士鸿都客[59]，能以精诚致魂魄[60]。
为感君王辗转思，遂教方士[61]殷勤[62]觅。
排空驭气[63]奔如电，升天入地求之遍。
上穷[64]碧落[65]下黄泉[66]，两处茫茫皆不见。
忽闻海上有仙山[67]，山在虚无缥(piāo)缈(miǎo)间。
楼阁玲珑[68]五云[69]起，其中绰(chuò)约[70]多仙子。
中有一人字太真，雪肤花貌参(cēn)差(cī)[71]是。

金阙[72]西厢叩玉扃(jiōng)[73]，转教小玉报双成[74]。
闻道汉家天子使，九华帐[75]里梦魂惊。
揽衣推枕起徘徊，珠箔(bó)[76]银屏[77]迤(yǐ)逦(lǐ)[78]开。
云鬓半偏新睡觉(jué)[79]，花冠不整下堂来。
风吹仙袂(mèi)[80]飘飖(yáo)举，犹似霓裳羽衣舞。
玉容寂寞[81]泪阑(lán)干(gān)[82]，梨花一枝春带雨。
含情凝睇(dì)[83]谢君王，一别音容两渺茫。
昭阳殿[84]里恩爱绝，蓬(péng)莱(lái)宫[85]中日月长。
回头下望人寰(huán)[86]处，不见长安见尘雾。
惟将旧物[87]表深情，钿合金钗寄将去[88]。
钗留一股合一扇，钗擘(bò)黄金合分钿[89]。
但教心似金钿坚，天上人间会相见。
临别殷勤重(chóng)寄词[90]，词中有誓两心知[91]。
七月七日长生殿[92]，夜半无人私语时。
在天愿作比翼(yì)鸟[93]，在地愿为连理枝[94]。
天长地久有时尽，此恨[95]绵绵[96]无绝期。

词语解释

［1］汉皇：原指汉武帝刘彻，这里借指唐玄宗李隆基。

［2］重色：好色。

［3］倾国：指绝色美女。

［4］御宇：统治天下。御：驾驭，统治。宇：宇内，天下。

［5］杨家有女：唐代蜀州司户杨玄琰有个叫杨玉环的女儿，从小由叔父杨玄珪抚养，十七岁时被册封为玄宗之子寿王李瑁的妃子，二十七岁时被玄宗册封为贵妃。白居易诗中所谓“养在深闺人未识”，其实是有意为帝王避讳(huì)的说法。

［6］丽质：美丽的姿质。

［7］六宫粉黛：指宫中的所有嫔妃。古代帝王设有六宫，包括一个正寝（日常处理政务之地）、五个燕寝（休息之地）。粉黛：本为女性分别用来抹脸和描眉的化妆品，这里用来代指六宫中的女性。

［8］无颜色：意思是相形之下，都失去了美好的姿容。

［9］华清池：华清池温泉，在今天西安市临潼区南的骊山下。唐太宗贞观十八年（644年）建汤泉宫，唐玄宗天宝六年（747年）将其扩建，并改名华清宫，于每年冬、春季到此居住。

［10］凝脂：形容皮肤白嫩滋润，宛如凝固的脂肪。

［11］侍儿：指宫女。

［12］新承恩泽：刚开始得到皇帝的宠幸。

［13］云鬓：形容女子的头发像云一样又多又美。

［14］金步摇：古代女子插在头发上的一种饰物，用黄金制成，上面垂有流苏或坠子，走起路来亦步亦摇，故称步摇。

［15］芙蓉帐：绣着莲花的帐子，形容其精美。

［16］春宵：指新婚之夜。

［17］佳丽三千：形容后宫嫔妃之多。

［18］金屋：据《汉武故事》记载，汉武帝年幼时，他的姑妈将他抱在膝上，问他要不要她的女儿阿娇做妻子。他笑着回答：“若得阿娇，当以金屋藏之。”

［19］列土：分封土地。据《旧唐书·后妃》等记载，唐玄宗将杨贵妃的三个姊妹分别封为韩国夫人、虢(guó)国夫人和秦国夫人；将杨贵妃的父亲杨玄琰封为太尉、齐国公；母亲封为凉国夫人；叔叔杨玄珪封为光禄卿；堂兄杨国忠封为右丞相。

［20］可怜：可爱，这里是值得羡慕的意思。

［21］骊宫：骊山华清宫。

［22］凝丝竹：意思是弦乐器和管乐器伴奏出舒缓的旋律。丝：指弦乐器。竹：指管乐器。

［23］渔阳：渔阳郡，管辖范围为今北京市平谷区和天津市蓟州区等地，当时属于平卢、

范阳、河东三镇节度使安禄山的辖区。公元755年，安禄山在范阳起兵叛乱。

［24］鼙鼓：古代骑兵用的小鼓，这里用来借指战争。

［25］霓裳羽衣曲：中国古代著名舞曲，乐曲着意表现虚无缥缈的仙境和仙女形象。据说是唐人杨敬述所献，经唐玄宗润色并制作歌词，改作此名。

［26］九重城阙：九重门的京城，这里指长安。阙：古代宫殿门前两边的楼，泛指宫殿或帝王住所。

［27］烟尘生：指发生战争。

［28］千乘万骑西南行：公元756年6月，安禄山破潼关，逼近长安。唐玄宗带领杨贵妃等人向西南方向逃走，当时随行护卫并不多，“千乘万骑”应为夸大之词。乘：一人一骑为一乘。

［29］翠华摇摇行复止，西出都门百余里：指“马嵬驿兵变”。唐玄宗逃至距长安百余里的马嵬驿（今陕西省兴平市）时，随从禁卫军发难，不再前行，请求诛杀杨国忠和杨玉环兄妹以平民怨。唐玄宗为保自身，只得照办。翠华：皇帝仪仗队所用的旗帜，用翠鸟羽毛装饰。

［30］六军：指天子的军队。

［31］宛转：形容美人临死前哀怨缠绵的样子。

［32］蛾眉：细长而弯的美丽的双眉，借指美女。

［33］花钿：古时妇女脸上的一种首饰，用金翠珠宝等制成花朵形状。

［34］委地：散落或丢弃在地上。

［35］翠翘金雀玉搔头：指各种首饰。翠翘：形如翡翠鸟尾的一种首饰。金雀：金雀钗，钗形似凤（古称朱雀）。玉搔头：玉簪。

［36］云栈：高入云霄的栈道。

［37］萦纡：回环盘绕。

［38］剑阁：又称剑门关，在今天四川剑阁县北，是由秦入蜀的交通要道。此地群山如剑，峭壁中断处，两山对峙如门，故称剑阁或剑门关。

［39］峨嵋山：即峨眉山，四川名山。当年唐玄宗奔蜀途中并未经过峨眉山，这里泛指蜀中高山。

［40］行宫：皇帝离京出行在外时的临时住所。

［41］天旋日转：这里是指时局好转。公元757年，郭子仪军队收复长安。

［42］回龙驭：皇帝的车驾回都城。

［43］信马：任马前进，无心驾马。

［44］太液：汉宫中有太液池。

［45］未央：汉代有未央宫。以汉指唐，这里用来借指唐代皇宫。

［46］西宫南内：皇宫之内称大内。西宫：指西内太极宫。南内：兴庆宫。唐玄宗返回京城后，最初住在南内，后来被迫迁往西内。

［47］梨园弟子：指唐玄宗当年亲自培训的乐工舞女。唐玄宗精通音乐，不仅懂乐理，还能亲自演奏乐器。他曾挑选三百名青年子弟，安置在长安城内光化门北的梨园中亲自培训，以便随时应诏表演，号称“皇帝梨园弟子”。

［48］椒房：指后妃居住的地方，因用花椒和泥抹墙，故称“椒房”。

［49］阿监：指宫中的侍从女官。

［50］青娥：指年轻的宫女。

［51］孤灯挑尽：古代用油灯照明，为使灯火明亮，须不时地将浸在油中的灯草往上挑一点。挑尽：说明夜已深。其实唐代宫中夜间并不点油灯，而是燃烛照明，诗人这样写是为了凸显唐玄宗晚年生活环境的凄苦。

［52］迟迟：迟缓。报更的钟鼓声起止原有定时，这里是用以渲染唐玄宗长夜难眠时的心情。

［53］耿耿：微明的样子。

［54］欲曙天：长夜即将天亮之时。

［55］鸳鸯瓦：指屋顶上俯仰相对合在一起的瓦。

［56］霜华：霜花。

［57］翡翠衾：指布面绣有翡翠鸟的被子。

［58］谁与共：与谁共。

［59］临邛道士鸿都客：意思是说有个从临邛来长安的道士。临邛：今天的四川省邛崃（lái）县。鸿都：东汉都城洛阳的宫门名，这里用来借指长安。

［60］致魂魄：招来亡魂。这里指招来杨贵妃的亡魂。

［61］方士：有法术的人。这里是指道士。

［62］殷勤：尽力。

［63］排空驭气：腾云驾雾。

［64］穷：穷尽，找遍。

［65］碧落：指天上。

［66］黄泉：指地下。

［67］海上有仙山：传说中的蓬莱、方丈、瀛洲三座神山，据说位于渤海。

［68］玲珑：形容华美精巧。

［69］五云：指五彩云霞。

［70］绰约：形容体态轻盈柔美。

［71］参差：差不多，仿佛。

［72］金阙：道家认为天上有黄金阙，是仙人或天帝所居之处。

［73］玉扃：玉门。

［74］转教小玉报双成：意思是说仙府中庭院重重，须经辗转通报。小玉：吴王夫差之女。双成：传说中西王母的侍女。这里都用来借指杨贵妃在仙山上的侍女。

［75］九华帐：指绣饰华美的帐子。九华：重重花饰的图案，形容帐子之精美。

［76］珠箔：指珠帘。

［77］银屏：镶银的屏风。

［78］迤逦：连续不断地。

［79］新睡觉：刚刚睡醒。觉：醒。

［80］袂：衣袖。

［81］玉容寂寞：这里指杨玉环神色黯淡凄楚。

［82］阑干：纵横交错的样子。这里形容泪痕满面。

［83］凝睇：即凝视。

［84］昭阳殿：汉成帝宠妃赵飞燕的寝宫。这里用来借指杨贵妃住过的宫殿。

［85］蓬莱宫：传说中的海上仙山。这里是指杨贵妃在仙山的居所。

［86］人寰：即人间。

［87］旧物：指杨贵妃生前与唐玄宗的定情信物。

［88］寄将去：托道士带回去。

［89］钗留一股合一扇，钗擘黄金合分钿：意思是说把金钗和钿盒分成两半，自己留下一半。擘：分开。合分钿：将钿盒与宝钿分离。钿：指一种嵌金花的首饰。

［90］重寄词：杨贵妃在告别时又托道士捎话。

［91］两心知：只有唐玄宗和杨贵妃二人心里明白。

［92］长生殿：骊山华清宫中的宫殿。这里所谓的长生殿，其实并非华清宫中的长生殿，而是长安皇宫寝殿之习称。

［93］比翼鸟：传说中的一种鸟，据说只有一目一翼，雌雄并在一起才能飞行。因此常用来比喻恩爱夫妻。

［94］连理枝：指两棵树的枝干合生在一起。又称相思树、夫妻树、生死树，比喻夫妻恩爱，永不分离。

［95］恨：遗憾。

［96］绵绵：连绵不断。

古诗今译

唐明皇喜欢女色，多年来一直在寻找美女，却一无所获。

杨家有个女儿刚刚长大成人，美丽绝伦，养在深闺中，外人不知。

天生丽质难以埋没，果然不久便被唐明皇选入宫中。

她回眸一笑时那千姿百态的娇媚，令六宫妃嫔一个个都黯然失色。

春寒料峭时，皇帝赐她到华清池沐浴，温润的泉水洗涤着她那凝脂一般的肌肤。

侍女搀扶她如出水芙蓉般软弱娉婷（pīng tíng），这是她刚刚开始得到皇帝恩宠的时候。

鬓发如云，颜脸似花，头戴着金步摇，贵妃在温暖的芙蓉帐里，与皇帝共度春宵。

只恨那春宵短，一觉睡到太阳高高升起，皇帝从此再也不上早朝。

承受君欢侍奉君饮，忙不得闲，春天陪皇帝一起出游，晚上侍寝。

后宫中妃嫔三千人，却只有她一人独享皇帝的恩宠。

金屋中梳妆打扮，娇滴滴侍奉皇帝；玉楼上酒酣宴罢，醉醺醺风韵更佳。

姊妹兄弟都因她得到列土封侯，杨家门楣光耀令人羡慕。

于是使得天下的父母都改变了心意，不重生男重生女。

骊山上华清宫内琼楼玉宇高耸入云，仙乐随风而飘，处处可闻。

轻歌曼舞，管弦伴奏，皇帝整日沉醉其中，百看不厌。

渔阳叛乱的战鼓声惊天起，惊破了宫中的霓裳羽衣曲。

九重宫殿霎时尘土飞扬，皇帝带着大批臣子、美眷向西南方向仓皇出逃。
皇帝的车队一路走走停停，来到长安以西才百余里的马嵬驿。
军队不肯前行，要求赐死杨玉环。唐明皇无可奈何，只得在马嵬坡下缢杀杨玉环。
贵妃头上的饰品，撒落一地无人收拾。那些珍贵的翠翘、金雀、玉搔头啊。
皇帝欲救不能，掩面而泣，回头看贵妃惨死的场景，血泪止不住地流。
黄土随萧瑟的秋风四处飘散，车队穿过那回环曲折的栈道，登上了剑阁。
峨眉山下行人稀少，旌旗无光，日月黯然。
蜀地这一派秀水青山，勾起了唐明皇那浓浓的相思情。
身处行宫里的皇帝望月满目凄然，雨夜听曲声声悲戚。
叛乱平息后，重返长安，路过马嵬坡，睹物思人，徘徊不忍离去。

马嵬坡下那片荒凉的泥土里，再不见贵妃玉颜，唯有孤零零的一座坟茔（yíng）。
君臣相顾，不禁泪湿衣衫，东望京都，心中伤悲，无心鞭马任由马归去。
回宫一看，所有池苑都依旧，太液池边的芙蓉、未央宫中的垂柳依然还在。
芙蓉开得好似玉环的脸，柳叶儿犹如她的眉，此情此景如何不令人心生悲戚？
无论是春风吹开桃李花的春日，还是秋雨滴落梧桐叶的秋日，唐明皇无时无刻不在思念着杨贵妃。
太极宫和兴庆宫，秋草丛生，一片萧条。宫内落叶满台阶，也不见有人清扫。
当年的梨园弟子如今头发已白，宫女红颜尽褪。
夜晚的宫殿中流萤飞舞，孤灯油尽皇帝仍然难以入眠。
打更的钟鼓声迟迟才响起，长夜漫漫。遥望耿耿星河，直到曙光现东方。
鸳鸯瓦上霜花重重，冰冷的翡翠被里如今谁与皇帝同眠？
阴阳相隔已然一年，连梦中都未曾与你相见过。
有位正客居长安的临邛道士，据说能用法术招来贵妃的魂魄。
皇帝对贵妃的思念之情令他感动，他接受皇命殷勤地将贵妃找寻。
如闪电驾驭云气升入空中，升天入地寻了个遍。
上至天堂下到地府，两处都茫然无所获。
忽然听说海上有一座仙山，仙山在虚无缥缈的白云中。
在五彩祥云托起的玲珑楼阁里，风姿绰约的仙女数之不尽。
其中有一人字太真，肌肤如雪貌似花，好像就是杨贵妃。
道士来到金阙西边，叩响玉石雕成的院门，仙府庭院重重须经辗转通报。
太真听说皇帝的使者到了，一下子从帐中惊醒。
穿上衣服推开枕头出了睡帐，逐次打开银制屏风，放下珠帘。
云鬓偏向一边，一副刚刚睡醒的模样，衣服和花冠都来不及整理就走下坛来。
衣袖在仙风吹拂下飘动，袅袅婷婷，就像当年霓裳羽衣的舞姿。
写满了寂寞忧愁的脸上泪水长流，犹如春天里那枝带雨的梨花。
含情凝视皇帝派来的使节，委托他深深感谢皇帝。马嵬坡上诀别后，音讯颜容两渺茫。
当年昭阳殿里的恩爱早已断绝，如今蓬莱宫中的孤寂如此漫长。
回头俯视人间，看不见长安，只看见一片尘雾。

只有用当年的信物表达我的一片深情，把钿盒金钗带去给皇帝作纪念。

金钗留下一股，钿盒留下一半，金钗劈开黄金，钿盒与宝钿分离。

但愿我俩相爱的心，就像这黄金宝钿一样忠贞坚硬，那么即便是天上人间也总有机会再见。

临别时又殷勤托道士寄语皇帝表达情思，语中的誓言只有皇帝与我知道。

当年七月七日长生殿中，夜半无人时，我们共起山盟海誓：

在天愿为比翼双飞鸟，在地愿为并生连理枝。

即使是天长地久，也总会有尽头，而这生死遗恨，却永远没有尽期啊！

作者简介

白居易

字、号：字乐天，号香山居士，又号醉吟先生

籍贯：山西太原

生卒年：772—846

身份：唐代现实主义诗人、翰林学士

获荣誉称号：“诗魔”“诗王”

代表作：《长恨歌》《琵琶行》《卖炭翁》等

作品赏析

《长恨歌》是白居易最为脍炙人口的一首长篇叙事诗，千百年来一直被人们广为传颂，赞不绝口。这首诗作于唐宪宗元和元年（806 年），当时白居易三十多岁，任周至县尉。一日，与友人陈鸿、王质夫到马嵬驿附近的仙游寺游玩，谈到了唐明皇与杨贵妃的爱情悲剧故事，大家都很感叹，觉得不记载下来实在可惜。于是白居易创作了这首以唐玄宗与杨贵妃的爱情悲剧为内容的《长恨歌》。这里的“恨”是遗憾，长恨，即永久的遗憾。

这首诗虽以马嵬驿兵变为依据，但并未完全依照史实去写，在诗歌的前半部分，作品含有明显的讽喻意味，似在通过唐玄宗与杨贵妃的爱情悲剧批判他们的荒淫误国，然而，诗歌

的后半部分却以浪漫主义的笔法大肆渲染了唐玄宗对杨贵妃的深切思念，似乎在歌颂两人的爱情。因此，关于《长恨歌》的主题到底是批判还是讽喻对比一直争论不休。诗歌艺术成就非常高，作者以现实主义与浪漫主义相结合的形式，将叙事、写景和抒情和谐地结合在一起，以精炼优美的语言向我们讲述了一个缠绵悱（fěi）恻（cè）、宛转动人的爱情故事，极具感染力，成为中国古代叙事诗中的千古绝唱。

经典名句

回眸一笑百媚生，六宫粉黛无颜色。
在天愿作比翼鸟，在地愿为连理枝。

诵读指引

诵读这首诗歌要注意结合故事的开头、发展和结局来选择朗读方法。首先，诗歌的开头部分，写唐明皇初宠杨玉环，语气比较平静、舒缓。接着，描写二人在华清宫醉生梦死的生活部分，语速要稍微加快，语气略带批判意味，尤其是“遂令天下父母心，不重生男重生女”两句。之后马嵬驿兵变部分，语气要沉痛，语速要由慢到快，表现出天旋地转的紧张局势，尤其是“六军不发无奈何，宛转蛾眉马前死”前后几句。读到唐明皇对杨贵妃的思念部分，语速要缓慢，语气要沉痛。最后道士寻访杨贵妃部分，语速先快后慢，语气由平静转哀痛，尤其当杨玉环回顾二人的誓言时，要读出沉痛哀怨的情绪，诗歌最后两句要延长声音并重读。

史记·屈原列传（节选）

T－4

（汉）司马迁

（绘图：2018 级马来西亚学生　林学瑾）

屈原者，名平，楚之同姓[1]也。为楚怀王[2]左徒[3]。博闻强志(jì)[4]，明于治乱[5]，娴(xián)于辞令[6]。入则与王图议国事，以出号令；出则接遇宾客，应对诸侯。王甚任(rèn)[7]之。

上官大(dà)夫与之同列[8]，争宠而心害[9]其能。怀王使屈原造为宪令[10]，屈平属(zhǔ)[11]草稿未定。上官大夫见而欲夺之，屈平不与，因谗(chán)之曰："王使屈平为令，众莫不知。每一令出，平伐[12]其功，以为

‘非我莫能为’也。”王怒而疏[13]屈平。

屈平疾王听之不聪[14]也，谗谄(chǎn)[15]之蔽明也，邪曲[16]之害公也，方正之不容也，故忧愁幽思而作《离骚(sāo)》[17]。《离骚》者，犹离忧也。夫(fú)天者，人之始也；父母者，人之本也。人穷[18]则反本[19]，故劳苦倦极，未尝不呼天也；疾痛惨怛(dá)[20]，未尝不呼父母也。屈平正道直行，竭忠尽智以事其君，谗人间(jiàn)[21]之，可谓穷矣。信而见[22]疑，忠而被谤(bàng)，能无怨乎？屈平之作《离骚》，盖[23]自怨生也。《国风》好色而不淫(yín)[24]，《小雅》怨诽(fěi)而不乱[25]。若《离骚》者，可谓兼之矣。上称帝喾(kù)[26]，下道齐桓(huán)[27]，中述汤武[28]，以刺世事。明道德之广崇[29]，治乱之条贯[30]，靡(mí)不毕见(xiàn)[31]。其文约[32]，其辞微[33]，其志洁，其行廉，其称文小[34]而其指[35]极大，举类迩(ěr)[36]而见(xiàn)[37]义远。其志洁，故其称物芳[38]；其行廉，故死而不容自疏[39]。濯(zhuó)淖(nào)[40]污泥之中，蝉蜕(huì)[41]于浊秽，以浮游尘埃(āi)之外，不获[42]世之滋(zī)[43]垢(gòu)，皭(jiào)然[44]泥(niè)[45]而不滓(zǐ)[46]者也。推此志也，虽与日月争光可也。

屈平既绌(chù)[47]，其后秦欲伐齐，齐与楚从(zòng)[48]亲，惠王[49]患之，乃令张仪[50]佯(yáng)去秦，厚币委[51]质[52]事楚，曰：“秦甚憎齐，齐与楚从亲，楚诚能绝齐，秦愿献商、於(wū)[53]之地六百里。”楚怀王贪而信张仪，遂绝齐，使使如秦受地。张仪诈之曰：“仪与王约六里，不闻六百里。”楚使怒去，归告怀王。怀王怒，大兴师伐秦。秦发兵击之，大破楚师于丹、淅(xī)[54]，斩首八万，虏楚将屈匄(gài)[55]，遂取楚之汉中[56]地。怀王乃悉发国中兵以深入击秦，战于蓝田[57]。魏闻之，袭楚至邓[58]。楚兵惧，自秦归。而齐竟怒不救楚，楚大困。

明年[59]，秦割汉中地与楚以和。楚王曰：“不愿得地，愿得张仪而甘心焉。”张仪闻，乃曰：“以一仪而当汉中地，臣请往如楚。”如楚，又因厚币用事者臣靳(jìn)尚[60]，而设诡(guǐ)辩于怀王之宠姬(jī)郑袖。怀王竟听郑袖，复释去张仪。是时，屈平既疏，不复在位，使于齐，顾反[61]，谏怀王曰：“何不杀张仪？”怀王悔，追张仪不及。

其后，诸侯共击楚，大破之，杀其将唐眜(mò)[62]。

时秦昭王[63]与楚婚，欲与怀王会。怀王欲行，屈平曰：“秦，虎狼之国，不可信，不如毋(wú)行。”怀王稚子子兰劝王行：“奈何绝秦欢？”怀王卒(cù)行。入武关[64]，秦伏兵绝其后，因留怀王，以求割地。怀王怒，不听。亡走赵，赵不内(nà)[65]。复之秦，竟死于秦而归葬。

长子顷(qǐng)襄(xiāng)王[66]立，以其弟子兰为令尹(yǐn)[67]。楚人既咎(jiù)子兰以劝怀王入秦而不反也。

屈平既嫉之，虽放流，眷(juàn)顾楚国，系心怀王，不忘欲反，冀(jì)幸君之一悟，俗之一改也。其存君兴国而欲反覆之，一篇之中三致志焉。

然终无可奈何，故不可以反，卒以此见怀王之终不悟也。人君无愚智贤不肖(xiào)，莫不欲求忠以自为，举贤以自佐。然亡国破家相随属(zhǔ)，而圣君治国累(lěi)世[68]而不见者，其所谓忠者不忠，而所谓贤者不贤也。怀王以不知忠臣之分(fèn)，故内惑于郑袖，外欺于张仪，疏屈平而信上官大夫、令尹子兰，兵挫(cuò)地削(xuē)，亡其六郡，身客死于秦，为天下笑，此不知人之祸也。……

令尹子兰闻之大怒，卒使上官大夫短屈原于顷襄王。顷襄王怒而迁之。

屈原至于江滨，被(pī)发[69]行吟泽畔(pàn)，颜色憔悴，形容枯槁(gǎo)。渔父(fǔ)见而问之曰：“子非三闾(lǘ)大夫[70]欤(yú)？何故而至此？”屈原曰：“举世混浊而我独清，众人皆醉而我独醒，是以见放。”渔父曰：“夫圣人者，不凝滞(níng zhì)于物，而能与世推移。举世混浊，何不随其流而扬其波？众人皆醉，何不餔(bù)[71]其糟[72]而啜(chuò)[73]其醨(lí)[74]？何故怀瑾(jǐn)握瑜(yú)[75]而自令见放为[76]？”屈原曰：“吾闻之，新沐者必弹冠(tán guān)，新浴者必振衣。人又谁能以身之察察[77]，受物之汶汶(mén)[78]者乎！宁(nìng)赴常流而葬乎江鱼腹中耳，又安能以皓皓(hào)[79]之白而蒙世俗之温蠖(huò)[80]乎！”乃作《怀沙》[81]之赋。……于是怀石，遂自沉汨(mì)罗[82]以死。

屈原既死之后，楚有宋玉[83]、唐勒(lè)、景差(cuō)[84]之徒者，皆好(hào)辞而以赋见称。然皆祖屈原之从容辞令，终莫敢直谏。其后楚日以削，数十年竟为秦所灭[85]。

词语解释

[1] 楚之同姓：屈原的祖先是楚武王熊通的儿子，封于屈，所以他的后代以屈为氏。屈氏、景氏、昭氏都是楚国的王族。

[2] 楚怀王：楚国国君。

[3] 左徒：楚国官名，职位仅次于令尹。

[4] 博闻强志：见识广博，记忆力强。志：同“记”。

[5] 明于治乱：通晓国家治乱的道理。

[6] 娴于辞令：擅长讲话。娴：熟悉。辞令：指外交方面应酬交际的语言。

[7] 任：信任。

[8] 同列：同事。

[9] 害：妒忌。

[10] 宪令：国家的重要法令。

[11] 属：写作。

[12] 伐：夸耀

[13] 疏：疏远。

[14] 聪：听觉灵敏，意指明辨是非。

[15] 谗谄：说坏话，拍马屁。

[16] 邪曲：邪恶。

[17]《离骚》：屈原的代表作，是首自叙生平的长篇抒情诗。

[18] 穷：走投无路，处境不好。

[19] 反本：追思根本。反：通“返”。

[20] 惨怛：忧伤。

[21] 间：离间。

[22] 见：被。

[23] 盖：表推测，大概。

[24]《国风》好色而不淫：《国风》写男女爱情但并不过分。《国风》是《诗经》中“风、雅、颂”之一。淫：过分。

[25]《小雅》怨诽而不乱：《小雅》批评朝政而并不想犯上作乱。《诗经》中的“雅”分为《大雅》和《小雅》两部分。

[26] 帝喾：传说中的“五帝”之一。

[27] 齐桓：齐桓公，春秋五霸之一。

[28] 汤武：商汤和周武王。

[29] 广崇：伟大崇高。

［30］条贯：条理，道理。

［31］见：同“现”。

［32］约：简要。

［33］微：深奥，微妙。

［34］称文小：指《离骚》中多称述花鸟草木等小事物。

［35］指：同“旨”，含义。

［36］迩：近，指眼前常见的事物。

［37］见:同“现”。

［38］称物芳：指《离骚》中多用兰、桂、蕙、芷等香花芳草作比喻。

［39］不容自疏：不容许放松对自己的要求。自疏：自己主动离开。

［40］濯淖：洗涤污浊。

［41］蝉蜕：蝉蜕下的壳，这里是摆脱的意思。

［42］获：玷（diàn）污。

［43］滋：通“兹”，黑。

［44］皭然：洁白的样子。

［45］泥：通“涅”，染黑。

［46］滓：污染。

［47］绌：通“黜”，废，罢免。指屈原被免去左徒的职位。

［48］从：同“纵”。从亲：合纵相亲。当时楚、齐等六国联合抗秦，称为合纵，楚怀王曾为纵长。

［49］惠王：秦惠王。

［50］张仪：魏人，主张“连横”，游说六国事奉秦国，为秦惠王所重。

［51］委：呈献。

［52］质：通“贽（zhì）”，信物。

［53］商、於：秦地名。商：在今陕西省商洛市商州区东南。於：在今河南省南阳市内乡县东。

［54］丹、淅：二水名。丹水：发源于今陕西省商洛市商州区，东南流而入河南。淅水：发源于今河南省三门峡市卢氏县，南流而入丹水。

［55］屈匄：楚国大将军。

［56］汉中：今湖北西北部、陕西东南部一带。

［57］蓝田：秦国县名，在今陕西省西安市蓝田县西。

［58］邓：春秋时蔡地，后属楚，在今河南省邓州市一带。

［59］明年：指楚怀王十八年（公元前 311 年）。

［60］靳尚：楚大夫。

［61］顾反：回来。反：通“返”。

［62］唐昧：楚将。

［63］秦昭王：秦惠王之子，公元前 306 年至公元前 251 年在位。

［64］武关：秦国的南关，在今陕西省商洛市商州区东。

［65］内：同“纳”。

［66］顷襄王：名熊横，公元前 298 年至公元前 263 年在位。

［67］令尹：楚国的最高行政长官。

［68］世：三十年为一世。

［69］被发：指头发散乱，不梳不束。被：通“披”。

［70］三闾大夫：楚国掌管王族昭、屈、景三姓事务的官。

［71］馆：吃，食。

［72］糟：酒渣。

［73］啜：喝。

［74］醨：不烈、味淡的酒，薄酒。

［75］瑾、瑜：都是美玉。

［76］为：表示疑问的语气词。

［77］察察：洁白的样子。

［78］汶汶：浑浊的样子。

［79］皓皓：莹洁的样子。

［80］温蠖：尘渣重积的样子。

［81］《怀沙》：《九章》中的一篇，今人多以为是屈原怀念长沙的诗。

［82］汨罗：江名，在今湖南省东北部，流经汨罗市入洞庭湖。

［83］宋玉：相传为楚顷襄王时人，屈原的弟子。

［84］唐勒、景差：约与宋玉同时，都是当时的辞赋家。

［85］数十年竟为秦所灭：公元前 223 年秦灭楚。

古文今译

屈原，名平，与楚国的王族同姓。他曾担任楚怀王的左徒。见闻广博，记忆力很强，通晓治理国家的道理，熟悉外交应对辞令。对内与楚怀王谋划商议国事，发号施令；对外则接待宾客，应酬诸侯。楚怀王很信任他。

上官大夫和他同在朝列，想争得楚怀王的宠幸，心里妒忌屈原的才能。楚怀王让屈原制定法令，屈原起草还没有定稿，上官大夫见了就想强行拿走它（想邀功），屈原不给，他就在楚怀王面前谗毁屈原说：“大王叫屈原制定法令，大家没有不知道的，每一项法令发出，屈原就夸耀自己的功劳说：‘除了我，没有人能制定出来。’”楚怀王很生气，就疏远了屈原。

屈原痛心楚怀王听信小人而不能明辨是非，被坏话、谄言蒙蔽而看不明白，邪恶危害了公正，端方正直的君子不为朝廷所容，所以内心忧愁苦闷，就写下了《离骚》。“离骚”，就是遭受忧愁的意思。上天是人的起始，父母是人的根本。人处于困境就会追念本源，所以到了极度劳苦疲倦的时候，没有不呼叫上天的；遇到病痛或忧伤的时候，没有不呼喊父母的。屈原坚持正道，行为端直，竭尽自己的忠诚和智慧来辅助君主，谗邪的小人却来离间他和君主，可以说是处于困境了。诚信却被怀疑，忠实却被诽谤，怎么能够不悲愤呢？屈原写《离骚》，其原因大概是从怨愤而来的。《国风》虽然多写男女爱情，但并不过分。《小雅》虽然多讥讽朝政，但并不宣扬作乱。像《离骚》这样的作品，可以说是兼有二者的特点了。它远则称述帝喾，近则谈及齐桓公，中间称述商汤和周武王，用来讽刺当时的政事。阐明道德的广阔崇高，国家治乱兴亡的道理，无不完全表现出来。他的文笔简约，词意幽微，他的志趣高洁，行为廉正。他文字中描写的不过是花鸟草木的小事物，但其旨趣是极大的（因为关系到国家的治乱），他举例说的是眼前常见的小事物，但表达的意思十分深远。由于他志趣高洁，文章中所称述的事物都是香花芬草，由于他行为廉正，所以到死也不容许放松对自己的道德要求。他身处污泥之中却能清洗沾染上的污垢，像蝉能脱壳一样摆脱混浊的污秽，浮游在尘世之外，不受浊世的玷辱，保持清白高洁的品质，出淤泥而不染。可以推断屈原的志向，即使和日月争辉，也是可以的。

屈原已被罢免。后来秦国准备攻打齐国，齐国和楚国结成合纵联盟互相亲善。秦惠王对此担忧。就派张仪假装脱离秦国，用厚礼和信物呈献给楚怀王，对楚怀王说："秦国非常憎恨齐国，齐国与楚国却合纵相亲，如果楚国确实能和齐国绝交，秦国愿意献上商、於之间的六百里土地。"楚怀王起了贪心，相信了张仪，便和齐国绝交，然后派使者到秦国去接受土地。张仪抵赖说："我和楚怀王约定的只是六里，没有听说过六百里。"楚国使者愤怒地离开秦国，回去报告楚怀王。楚怀王发怒，大规模出动军队去讨伐秦国。秦国发兵反击，在丹水和淅水一带大破楚军，杀了八万人，俘虏了楚国的大将屈匄，于是夺取了楚国的汉中一带。楚怀王又发动全国的兵力，深入秦地攻打秦国，交战于蓝田。魏国听到这一情况，袭击楚国一直打到邓地。楚军恐惧，从秦国撤退。齐国因为怀恨楚国，不来援救，楚国处境极端困窘。第二年，秦国割汉中之地与楚国讲和。楚怀王说："我不愿得到土地，只希望得到张仪就甘心了。"张仪听说后，就说："用一个张仪来抵当汉中地方，我请求到楚国去。"到了楚国，张仪又用丰厚的礼品贿赂当权的大臣靳尚，通过他在楚怀王宠姬郑袖面前编造了一套谎话。楚怀王竟然听信郑袖，又放走了张仪。这时屈原已被疏远，不在朝中任职，出使齐国，回来后，劝谏楚怀王说："为什么不杀张仪？"楚怀王很后悔，派人追张仪，已经来不及了。后来，各国诸侯联合攻打楚国，大败楚军，杀了楚国将领唐昧。

这时秦国与楚国通婚，秦昭王要求和楚怀王会面。楚怀王想去，屈原说："秦国是虎狼一样的国家，不可信任，不如不去。"楚怀王的小儿子子兰劝楚怀王去，说："怎么可以断绝和秦国的友好关系！"楚怀王终于前往。一进入武关，秦国的伏兵就截断了楚怀王的后路，将其扣留，强求割让土地。楚怀王很愤怒，不听秦国的要挟。他逃往赵国，赵国不肯接纳。只好又到秦国，最后死在秦国，尸体运回楚国安葬。

楚怀王的长子顷襄王即位，任用他的弟弟子兰为令尹。楚国人都抱怨子兰，因为他劝楚怀王入秦而最终未能回来。屈原也为此怨恨子兰，虽然流放在外，但仍然眷恋着楚国，心里挂念着楚怀王，念念不忘返回朝廷。他希望国君总有一天能醒悟，世俗总有一天改变。屈原关怀君王，想振兴国家改变楚国的形势，在作品中，都再三表现出来这种想法。然而终是无可奈何，所以不能返回朝廷。由此可以看出楚怀王始终没有觉悟啊。

国君无论愚笨或明智、贤明或昏庸，没有不想求得忠臣来为自己服务，选拔贤才来辅助自己的。然而国破家亡的事接连发生，而圣明君主治理好国家的事多少世代也没有出现，这是因为所谓忠臣并不忠，所谓贤臣并不贤。楚怀王因为不明白忠臣的职分，所以在内被郑袖迷惑，在外被张仪欺骗，疏远屈原而信任上官大夫和令尹子兰，军队被挫败，土地被削减，失去了六个郡，自己也被扣留死在秦国，为天下人所耻笑。这是不了解人的祸害。

令尹子兰得知屈原怨恨他，非常愤怒，最终让上官大夫在顷襄王面前说屈原的坏话。顷襄王发怒，就放逐了屈原。

屈原到了江滨，披散头发，在水泽边一面走，一面吟咏。脸色憔悴，形体面貌像枯死的树木一样毫无生气。渔父看见他，便问道："您不是三闾大夫吗？为什么来到这里？"屈原说："整个世界都是混浊的，只有我一人清白；众人都沉醉，只有我一人清醒。因此被放逐。"渔父说："聪明贤哲的人，不受外界事物的束缚，而能够随着世俗变化。整个世界都混浊，为什么不随大流而且推波助澜呢？众人都沉醉，为什么不吃点酒糟，喝点薄酒？为什么要怀抱美玉一般的品质，却使自己被放逐呢？"屈原说："我听说，刚洗过头的人一定要弹去帽上的灰沙，刚洗过澡的人一定要抖掉衣上的尘土。谁能让自己清白的身躯蒙受外物的污染呢？宁可投入长流的大江而葬身于江鱼的腹中，又哪能使自己高洁的品质去蒙受世俗的尘垢呢？"于是他写了《怀沙》赋。……自此抱着石头，自投汨罗江而死。

屈原死了以后，楚国有宋玉、唐勒、景差等人，都爱好文学，而以善作赋被人称赞。但他们都效法屈原辞令委婉含蓄的一面，始终不敢直言进谏。在这以后，楚国势力一天天削弱，几十年后，终于被秦国灭掉。

作者简介

司马迁

字、号：字子长

籍贯：夏阳（今陕西韩城）

生卒年：前145—不详

身份：西汉史学家、文学家、思想家

获荣誉称号：历史之父，创作了中国第一部纪传体通史《史记》

代表作：《史记》

作品赏析

本文节选自《史记·屈原列传》。屈原是中国历史上第一位为后人所熟知的伟大的爱国诗人。他生活在战国中后期的楚国，当时七国争雄，其中最强盛的是秦、楚二国。屈原才干超群，在楚国内政、外交方面发挥了重要作用，却因遭受小人的谗言被迫离开朝廷。尽管被流放于外地，屈原仍然心系朝政，热爱自己的祖国。当听到自己国家首都被占领的消息时，毅然自沉汨罗江，以身殉国。本文夹叙夹议，反复咏叹，歌颂了屈原卓越的才华和对理想执着追求的精神，对屈原怀才不遇、一生坎坷的遭遇寄予了极大的同情，是一篇抒情性很强的评传散文。

经典名句

夫天者，人之始也；父母者，人之本也。人穷则反本，故劳苦倦极，未尝不呼天也；疾痛惨怛，未尝不呼父母也。

举世混浊而我独清，众人皆醉而我独醒。

诵读指引

本文篇幅较长，有益于深入了解爱国诗人屈原的生平事迹。首先，理解原文语句的意思，掌握文中出现的通假字读音，熟悉常用的一些古文句式，学会正确地句读，在此基础之上进行诵读。其次，本文叙议结合，诵读时注意区分记叙和议论的不同。文中时而夹杂人物对话，要根据不同人物的性格特点予以表现，比如屈原的坦荡忠心、张仪的狡诈善变、渔父的消极避世等。

出师[1]表[2]

T－5

（三国）诸葛亮

（绘图：2018 级泰国学生　王玲玲）

臣亮言：先帝[3]创业[4]未半而中道[5]崩殂(cú)[6]，今天下三分，益州疲弊(pí bì)[7]，此诚[8]危急存亡之秋[9]也。然侍卫之臣不懈(xiè)[10]于内[11]，忠志之士忘身[12]于外[13]者，盖[14]追[15]先帝之殊遇[16]，欲报之于陛(bì)下也。诚宜[17]开张圣听[18]，以光[19]先帝遗德，恢弘(huī hóng)[20]志士之气，不宜妄(wàng)自菲薄(fěi bó)[21]，引喻失义[22]，以塞(sè)忠谏(jiàn)[23]之路也。

宫中府中[24]，俱为一体；陟(zhì)[25]罚臧否(zāng pǐ)[26]，不宜异同。若有作奸犯科[27]及为忠善者，宜付[28]有司[29]论其刑赏，以昭[30]陛下平明[31]之理[32]；不宜偏私[33]，使内外[34]异法[35]也。

侍中、侍郎郭攸(yōu)之、费祎(yī)、董允[36]等，此皆良实[37]，志虑[38]忠纯[39]，是以先帝简拔[40]以遗(wèi)[41]陛下：愚以为宫中之事，事无大小，悉以咨之[42]，然后施行，必能裨(bì)补阙(quē)漏[43]，有所广益[44]。

将军向宠，性行(xíng)淑均[45]，晓畅[46]军事，试用于昔日，先帝称之曰“能[47]”，是以[48]众议举[49]宠为督(dū)[50]：愚以为营[51]中之事，悉以咨之，必能使行(háng)阵[52]和睦，优劣得所[53]。

亲贤臣，远小人，此先汉[54]所以兴隆也；亲小人，远贤臣，此后汉[55]所以倾颓[56]也。先帝在时，每[57]与臣论此事，未尝不叹息痛恨[58]于桓(huán)、灵[59]也。侍中、尚书、长(zhǎng)史、参军[60]，此悉贞良死节[61]之臣，愿陛下亲之信之，则汉室之隆[62]，可计日[63]而待也。

臣本布衣，躬耕(gēng)[64]于南阳[65]，苟[66]全[67]性命于乱世，不求闻达[68]于诸侯。先帝不以臣卑(bēi)鄙(bǐ)[69]，猥(wěi)[70]自枉屈[71]，三顾[72]臣于草庐之中，咨臣以当世之事，由是感激，遂许先帝以驱驰[73]。后值倾覆[74]，受任于败军之际，奉命于危难之间，尔来[75]二十有(yòu)一年矣。

先帝知臣谨慎，故临崩寄臣以大事[76]也。受命以来，夙(sù)夜[77]忧叹，恐托付不效，以伤先帝之明；故五月渡泸(lú)[78]，深入不毛[79]。今南方已定，兵甲已足，当奖率[80]三军，北定中原，庶(shù)[81]竭驽钝(nú dùn)[82]，攘(rǎng)除[83]奸凶，兴复汉室，还(huán)于旧都(dū)[84]。此臣所以[85]报先帝而忠陛下之职分(fèn)也。至于斟酌(zhēn zhuó)损益[86]，进尽忠言，则攸之、祎、允之任也。

愿陛下托臣以讨贼兴复之效[87]，不效，则治臣之罪[88]，以告[89]先帝之灵。若无兴德之言[90]，则责攸之、祎、允等之慢[91]，以彰(zhāng)其咎(jiù)[92]；陛下亦宜自谋，以咨诹(zōu)善道[93]，察纳[94]雅言[95]，深追[96]先帝遗诏[97]。臣不胜(shēng)受恩感激。

今当远离，临[98]表涕零[99]，不知所言[100]。

词语解释

[1] 出师：率兵征讨。出：出征。师：军队。

[2] 表：古代向帝王上书陈诉衷情、议论时事的一种文体。

[3] 先帝：这里指刘备。

[4] 创业：开创统一中原的大业。

[5] 中道：中途。

[6] 崩殂：死。崩：古代帝王、皇后之死叫崩。殂：死亡。

[7] 益州疲弊：意思是蜀汉国力薄弱，处境艰难。益州：这里指蜀汉。疲弊：人力疲惫，民生困苦穷乏。

[8] 诚：确实，实在。

[9] 秋：时候。

[10] 懈：松懈，不紧张。

[11] 内：指朝廷。

[12] 忘身：奋不顾身。

[13] 外：朝廷之外，这里是指战场上。

[14] 盖：因为。连接上一句或上一段的连词，表示原因。

［15］追：追念。

［16］殊遇：特殊的待遇。

［17］宜：应该。

［18］开张圣听：扩大圣明的听闻，意思是要后主广泛听取别人的意见。开张：扩大。圣：圣明。

［19］光：发扬光大。

［20］恢弘：这里是形容词用作动词，意思是发扬扩大。也作“恢宏”。恢：大。弘：大，宽。

［21］妄自菲薄：过分看轻自己，形容自卑。

［22］引喻失义：意思是说话不恰当。引喻：引用比喻。义：适宜，恰当。

［23］谏：直言规劝，使改正错误。这里指进谏。

［24］府中：指朝廷中。

［25］陟：提拔。

［26］臧否：善恶，这里是形容词用作动词，意思是评论人物的好坏。

［27］作奸犯科：做奸邪之事，违反法令。

［28］付：交给。

［29］有司：指主管某部门的官吏。

［30］昭：彰显。

［31］平明：公平严明。

［32］理：治。

［33］偏私：偏袒私情，意思是不公正。

［34］内外：指宫中和朝廷。

［35］异法：刑赏之法不同。

［36］侍中、侍郎郭攸之、费祎、董允：郭攸之、费祎是侍中，董允是侍郎。侍中、侍郎都是古代官名。

［37］良实：善良诚实。这里是形容词用作名词，指善良诚实的人。

［38］志虑：志向和心思。

［39］忠纯：忠诚纯正。

［40］简拔：选拔。

［41］遗：给予。

［42］悉以咨之：都拿来咨询他们。悉：都，全。咨：询问。之：指郭攸之等人。

［43］裨补阙漏：弥补缺点和疏漏的地方。裨：弥补。阙：通“缺”，缺点。

［44］有所广益：得到更多的好处。广益：很多的益处。

［45］性行淑均：性情品德善良平正。性行：性情品德。淑：善。均：公平，平均。

［46］晓畅：精通。

［47］能：有才能，能干。

［48］是以：因此。

［49］举：推举。

［50］督：武职，向宠曾为中部督。

［51］营：军营，军队。
［52］行阵：指部队。
［53］得所：得到恰当的位置。
［54］先汉：西汉。
［55］后汉：东汉。
［56］倾颓：衰败。
［57］每：常常。
［58］痛恨：感到痛心遗憾。恨：遗憾。
［59］桓、灵：指东汉末年的桓帝和灵帝。他们都因信任宦官，加深了朝廷的腐败。
［60］尚书、长史、参军：中国古代的官名。这里的尚书指陈震，长史指张裔，参军指蒋琬。
［61］死节：能够以死报国。死：为……而死。
［62］隆：兴盛。
［63］计日：计算着日子。
［64］躬耕：亲自耕种，指隐居农村。躬：亲自。
［65］南阳：东汉郡名，今河南省南阳市。
［66］苟：苟且。
［67］全：保全。
［68］闻达：闻名显达。
［69］卑鄙：与今义不同，这里的意思是身份低微，见识短浅。
［70］猥：辱，这里有降低身份的意思。
［71］枉屈：委屈。
［72］顾：拜访，探望。
［73］驱驰：驱车追赶。这里是奔走效劳的意思。
［74］后值倾覆：后来遇到兵败。汉献帝建安十三年（208年），曹操追击刘备，在当阳长坂大败刘军；诸葛亮奉命出使东吴，联合孙权打败曹操于赤壁才转危为安。值：遇到。倾覆：指兵败。
［75］尔来：那时以来。
［76］临崩寄臣以大事：刘备在临死的时候，把国家大事托付给诸葛亮，并且对刘禅说："汝与丞相从事，事之如父。"临：将要。
［77］夙夜：早晚。
［78］泸：水名，即金沙江。
［79］不毛：不长草。这里指人烟稀少的地方。
［80］奖率：激励率领。
［81］庶：希望。
［82］驽钝：比喻才能平庸，这是诸葛亮自谦的话。驽：劣马，走不快的马。钝：刀刃不锋利。
［83］攘除：排除，铲除。
［84］旧都：指东汉都城洛阳或西汉都城长安。

［85］所以：用来……的。

［86］斟酌损益：斟酌情理、有所兴办。比喻做事要掌握分寸，（处理事务）斟酌情理，有所兴革。斟酌：考虑，权衡。损益：增减，兴革。

［87］托臣以讨贼兴复之效：把讨伐曹魏复兴汉室的任务交给我。托：委托，交给。效：效命的任务。

［88］不效，则治臣之罪：没有成效就治我的罪。效：取得成效。

［89］告：告慰，告祭。

［90］兴德之言：发扬圣德的言论。

［91］慢：怠慢，疏忽，指不尽职。

［92］彰其咎：揭示他们的过失。彰：表明，显扬。咎：过失，罪。

［93］咨诹善道：询问（治国的）好道理。诹：询问。

［94］察纳：认识采纳。察：明察。

［95］雅言：正确的言论，正言，合理的意见。

［96］深追：深切追念。

［97］先帝遗诏：这里是指刘备给后主的遗诏，见《三国志·蜀书·先主传》裴注引《诸葛亮集》，诏中说："勿以恶小而为之，勿以善小而不为。惟贤惟德，能服于人。"遗诏：皇帝在临终时所发的诏令。

［98］临：面对。

［99］零：落下。

［100］不知所言：不知道该说些什么话。这是表示自己可能失言。谦辞。

古文今译

臣亮进言：先帝开创大业没完成一半却中途去世了，现在天下分为三个国家，蜀汉国力薄弱，处境艰难，这实在是我们国家危急存亡的时候啊。然而朝廷上，侍卫臣僚们勤劳不懈；战场上，忠诚有志的将士们奋不顾身，这是因为他们追念先帝的知遇之恩，想要报答在陛下您身上。陛下您实在应该广泛地听取大家的意见，来发扬光大先帝留下来的美德，振奋有远大志向之人的志气，不应过分看轻自己，说不恰当的话，以致堵塞忠言进谏的道路。

皇宫中和朝廷中都是一个整体，赏罚功过，不应该有所不同。如果有为非作歹、违反法令和忠心做善事的人，应当交给主管官吏去评定对他们的惩奖，以此来显示陛下公正严明的治理，而不应当有偏袒和私心，使宫内和朝廷奖罚方法不同。

侍中、侍郎郭攸之、费祎、董允等人，都是些善良诚实的人，他们的志向和心思忠诚无二，所以先帝选拔他们来辅佐陛下。我认为宫中之事，无论大小，都可拿来与他们商量，然后再去施行，一定能够弥补缺点和疏漏之处，可以获得很多好处。

将军向宠，性格和品行善良公正，又精通军事，从前任用的时候，先帝称赞说他有才干，所以大家评议举荐他做中部督。我认为军队中的事情，都可拿来与他商讨，就一定能使军队团结，使才能高低不同的人各得其所。

亲近贤臣，疏远小人，这就是西汉兴盛的原因；亲近小人，疏远贤臣，这则是东汉衰败的原因。先帝在世时，每次跟我谈论这些事情时，没有一次不对桓、灵二帝的做法感到痛心遗憾。侍中、尚书、长史、参军，这些都是忠贞诚实、能够以死报国的忠臣，希望陛下亲近他们，信任他们，那么汉朝的复兴就指日可待了。

我本来是平民，在南阳务农亲耕，在乱世中苟且保全性命，不曾奢求在诸侯中扬名。先帝不因为我身份卑微、见识短浅，而降低身份，委屈自己，三次去我的茅庐拜访我，征询我对时局大事的意见，我因此感动奋发，答应为先帝奔波效劳。后来遇到兵败，在兵败之时接受任务，在危机患难之间奉行使命，自那时以来已有二十一年了。

先帝知道我做事谨慎，所以临终时将国家大事托付给了我。自接受遗命以来，我早晚忧愁叹息，唯恐先帝托付给我的任务不能完成，以致有损先帝的知人之明，所以我五月渡过泸水，深入到人烟稀少的地方。现在南方已经平定，兵士装备已然充足，应当激励、率领全军将士进军北方，平定中原，希望竭尽我平庸的才能，铲除奸邪凶恶的敌人，恢复汉朝的基业，回到旧日的国都。这就是我用来报答先帝且尽忠陛下的职责本分。至于斟酌情理，有所兴革，毫无保留地进献忠诚的建议，那就是郭攸之、费祎、董允等人的责任了。

希望陛下把讨伐曹魏、兴复汉室的任务托付给我，如果不成功，就惩治我的罪过，从而用来告慰先帝的在天之灵。如果没有振兴圣德的建议，那就责罚郭攸之、费祎、董允等人的怠慢，来揭示他们的过失；陛下也应自行谋划，征求、询问治国的好方法，采纳正确的言论，深切追念先帝临终留下的教诲。我感激不尽。

今天我就要告别陛下远行了，面对这份奏表禁不住热泪纵横，不知道该说些什么。

作者简介

诸葛亮

字、号：字孔明，号卧龙

籍贯：琅琊阳都（今山东临沂沂南）

生卒年：181—234

身份：三国时期蜀汉丞相，政治家、军事家、文学家

获荣誉称号：武侯；中国传统文化中忠臣的楷模、智慧的化身

代表作：《出师表》《诫子书》等

作品赏析

《出师表》是诸葛亮的代表作，是一篇千古传诵的表文。文章写于227年，当时刘备已死，诸葛亮受托辅佐后主刘禅。为实现刘备“兴复汉室”的遗志，诸葛亮先安定国内局势，实行了一系列政治和经济措施，使蜀汉境内呈现出兴旺景象。于是，他决定北上伐魏，临行之前写下这篇《出师表》上书后主。

在这篇奏章中，诸葛亮以恳切的言辞，劝勉后主刘禅一定要继承先帝的遗志，广开言路，赏罚严明，亲贤臣，远小人，以完成“兴复汉室”的大业。同时，表达了诸葛亮报答先帝知遇之恩的真挚感情和北定中原的决心。文章晓之以理，动之以情，言辞之中充满了对后主的殷切期望。其率直的态度、恳切的言辞、殷切的语气无不流露出他在出师之前复杂的心情及对刘氏父子的一片深情。文章语言率直质朴，均为其肺腑之言，析理透辟，真情充溢，感人至深，受到历代文人的高度赞扬，堪称表中的代表作。陆游赞之：“出师一表真名世，千载谁堪伯仲间？”

经典名句

亲贤臣，远小人，此先汉所以兴隆也；亲小人，远贤臣，此后汉所以倾颓也。

苟全性命于乱世，不求闻达于诸侯。

受任于败军之际，奉命于危难之间。

诵读指引

《出师表》是一篇传诵千古的表文，这篇表文语气恭敬，词情恳切，叮嘱周到，打动人心。第一部分（第1~5段）作者向刘禅指出危机，提出建议，朗读语气要诚恳；第二部分（第6~7段）追忆往事，陈述理由，朗读时感情要充沛，语气要恳切，语速快慢交替；最后一部分（第8~9段）表明决心，语速放慢。

兰亭集序

T－6

（东晋）王羲(xī)之

（绘图：2019 级泰国学生　王月华）

永和九年[1]，岁在癸丑(guǐ chǒu)[2]，暮春[3]之初，会于会稽(kuài jī)山阴[4]之兰亭，修禊(xì)[5]事也。群贤毕至[6]，少长(zhǎng)咸集。此地有崇山峻(jùn)岭，茂林修竹，又有清流激湍(tuān)，映带左右，引以为流觞曲(shāng qū)水[7]，列坐其次。虽无丝竹管弦之盛，一觞一咏，亦足以畅叙幽情。

是日也，天朗气清，惠风和畅。仰观宇宙之大，俯察品类之盛，所以游目骋(chěng)怀[8]，足以极视听之娱，信可乐也。

夫(fú)人之相与，俯仰一世。或取诸怀抱，悟言一室之内；或因寄所托，放浪形骸(hái)[9]之外。虽趣(qǔ)舍万殊[10]，静躁不同，当其欣于所遇，暂得于己，快然自足，不知老之将至；及其所之既倦(juàn)，情随事迁，感慨系(xì)之矣。向之所欣，俯仰之间，已为陈迹，犹不能不以之兴怀，况修短随化[11]，终期于尽！古人云："死生亦大矣。"岂不痛哉！

每览昔人兴感之由，若合一契(qì)[12]，未尝不临文嗟悼(dào)[13]，不能喻之于怀。固知一(yī)死生为虚诞(dàn)，齐彭(péng)殇(shāng)[14]为妄作[15]。后之视今，亦犹今之视昔。悲夫(fú)！故列叙时人，录其所述，虽世殊事异[16]，所以兴怀，其致一也。后之览者，亦将有感于斯文。

词语解释

[1] 永和九年：公元353年。

[2] 癸丑：公元353年的干支纪年。中国古老的干支纪年法是以十大天干（甲、乙、丙、丁、戊、己、庚、辛、壬、癸）、十二地支（子、丑、寅、卯、辰、巳、午、未、申、酉、戌、亥）顺序配合纪年。

[3] 暮春：农历三月，一般是公历四月。

[4] 会稽山阴：会稽：今浙江绍兴。山阴：今绍兴越城区。

[5] 修禊：农历三月的上巳日（从三国时期魏国之后定于三月三日），人们到水边游乐玩水，用来消灾祈福。

[6] 群贤毕至：很多贤士都来了。

[7] 流觞曲水：把酒杯放在弯曲的小溪流中，杯停在谁的面前，谁就拿起酒杯喝酒。

[8] 游目骋怀：向四周远看，让心胸开阔。

[9] 放浪形骸：自由自在地活动。

[10] 趣舍万殊：意思是说各有各的爱好。趣：通"取"。趣舍：取舍。

[11] 修短随化：人的寿命长短听凭自然造化。

[12] 契：意思是符契。古人在符契上刻字，分成两半，作为一种凭据。
[13] 嗟悼：叹息伤心。
[14] 彭殇：长寿的彭祖和短命的人。彭：传说彭祖活了八百多岁。
[15] 妄作：虚妄的说法，胡说。
[16] 世殊事异：时代不同，事情也不同。

古文今译

永和九年是癸丑年，在三月初，我们在会稽郡山阴城的兰亭进行水边的消灾祈福。贤才们都来了，老老少少欢聚在一起。这个地方有高山险峰，茂密的树林，高大的竹丛。清澈的溪水，好像带子一样围绕在兰亭左右。我们把溪水引来玩曲水流觞的游戏，酒杯放在曲水中，我们排列坐在旁边。虽然没有音乐，但是喝酒作诗，也足以让我们表达内心的情感了。

这天，天气晴朗，空气清新，温暖的风吹拂。抬头可以看到宇宙的广大，低头可以看到繁盛的万物。我们向四周远看，开阔心胸，极尽视听的欢娱，非常开心。

人和人在交往中，很快就会度过一生。有的人喜欢在室内谈笑，说出自己的心声；有的人喜欢自由自在的生活，来寄托情怀。虽然人们爱好不同，或静或动，但是遇到自己喜欢的，就会感到非常快乐，不会发觉岁月衰老；等到他不再喜欢了，就会感到厌倦，情感也会变化，也自然会产生感叹。过去喜欢的东西，转眼就变成了旧物，这不能不让人产生感叹，何况寿命长短都由上天决定，人最后都会死的。古人说：“死和生的问题毕竟是一件大事。”这怎么不让人痛心呢？

每次看到古人在文章中感叹生命，和我所感叹的好像符契一样相合，我都会在读他们文章的时候伤心难过，在心中又不能清楚地说明。我们本来就知道把生和死看成一样的说法是假的，把长寿和短命看成一样也是妄造的说法。后人看今人，就像今人看古人一样。这真让人伤心啊！所以我把今天参加集会的人一一写下来，也记录下他们的诗文。虽然时代会不同，但是触发人们情怀的原因、人们的内心感觉是一样的。后代的读者，也将会对这些诗文有所感想。

作者简介

王羲之

字、号：字逸少，人称“王右军”

籍贯：琅琊临沂（今山东临沂）

生卒年：303—361

身份：东晋著名书法家

获荣誉称号：书圣

代表作：楷书《乐毅论》《黄庭经》，草书《十七帖》，行书《姨母帖》《快雪时晴帖》《丧乱帖》《兰亭集序》等

作品赏析

王羲之的书法作品《兰亭集序》被称为“天下第一行书”。公元353年的三月初三，王羲之和41位名士在兰亭集会，他们曲水流觞，喝酒写诗。大家当天把诗歌抄录下来后，请王羲之做一个序言。于是，王羲之就在酒后写成了《兰亭集序》的草稿。传说第二天王羲之酒醒之后，想重新把草稿抄一遍，却再也写不出草稿中的潇洒字体了。

《兰亭集序》的有些句子很难，全文的意思也很难懂。不过，当我们知道这篇文章的含义是对生命短暂的一种感叹，便基本掌握这篇文章的意思了。文章第一段、第二段是写兰亭聚会的情况。参加的人物都是当时著名的人士，聚会的环境山美水秀，还有风雅的曲水流觞活动。大家喝酒作诗，消灾祈福，正好和春天的美景交织在一起，写出了友人聚会的欢快气氛。

第三段写出了作者对人生的看法。人生很短暂，欢乐总是很难长久。不管喜欢什么，总会有厌烦的时候。所以作者想到人生的痛苦其实就是一个生和死的问题。

最后一段写作者为什么要作这个《兰亭集序》。作者说自己看到古人诗文中的感伤之情，心情就会难以平静。作者还认为，后人看到今天在兰亭聚会的友人诗文中的感叹，也会有所感动。所以，他要把当时的文字留下来，留给后人感叹生命。

经典名句

群贤毕至，少长咸集。此地有崇山峻岭，茂林修竹，又有清流激湍，映带左右，引以为流觞曲水，列坐其次。虽无丝竹管弦之盛，一觞一咏，亦足以畅叙幽情。

天朗气清，惠风和畅。仰观宇宙之大，俯察品类之盛。

后之视今，亦犹今之视昔。

诵读指引

《兰亭集序》是一篇抒情散文，诵读时整体节奏舒缓、情感基调平和，但又带有一些起伏。诵读第一段时，起句要平稳，点明时间、地点和人物。环境描写中多使用节奏分明的四字词，如“崇山峻岭，茂林修竹”“清流激湍，映带左右”“流觞曲水，列坐其次”等，诵读时要重点予以体现，最终落脚于“畅叙幽情”四字，为第二段的诵读做好准备。

在必要的停顿后，开启第二段的诵读，主要是围绕“信/可乐也”这一中心诵读，不仅“天朗气清，惠风和畅”，还可以“仰观/宇宙之大，俯察/品类之盛”，诵读时要突出这种“游目骋怀”的快乐心情。

第三段感慨人生短暂，表达作者对人生的深入思考。以“或”领起的两句，是两种不同的人生表现，诵读时要以“或”为领字，突出两者的对比。紧接着诵读“当其欣于所遇”和“及其所之既倦”两句时，依然要读出“欣”与“倦”的对比，最后语含悲痛，以感叹语气结束：“古人云：‘死生亦大矣。’岂不痛哉!”

最后一段提出对老庄“一死生”观点的怀疑，并发出“后之视今，亦犹今之视昔”的感慨，表达出良辰美景在前，人生却又短暂的这种无奈，最后回归写这篇序的缘由，诵读时情感归于平静。

岳阳楼记

T－7

（宋）范仲淹

（绘图：2018 级马来西亚学生　林学瑾）

庆历四年[1]春，滕(téng)子京谪守巴陵郡(jùn)[2]。越明年[3]，政通人和[4]，百废具兴[5]。乃重修岳阳楼，增其旧制[6]，刻唐贤今人[7]诗赋于其上。属(zhǔ)予作文以记之[8]。

予观夫(fú)巴陵胜状[9]，在洞庭一湖。衔(xián)远山，吞长江，浩浩汤(shāng)汤[10]，横无际涯[11]；朝晖夕阴，气象万千[12]。此则岳阳楼之大观[13]也，前人之述备[14]矣。然则[15]北通巫峡，南极潇(xiāo)湘[16]，迁客骚(sāo)

人[17]，多会[18]于此，览物之情，得无[19]异[20]乎？

若夫[21]淫雨霏霏(yín)[22]，连月不开[23]，阴风怒号(háo)[24]，浊浪排空[25]；日星隐曜(yào)[26]，山岳潜形[27]；商旅不行，樯(qiáng)倾楫(jí)摧[28]；薄暮冥(míng)冥[29]，虎啸猿啼。登斯[30]楼也，则有去国怀乡[31]，忧谗畏讥[32]，满目萧然[33]，感极[34]而悲者矣。

至若春和景明[35]，波澜不惊，上下天光，一碧万顷(qǐng)[36]；沙鸥翔集[37]，锦鳞(lín)[38]游泳[39]；岸芷(zhǐ)汀兰[40]，郁郁青青(jīng)[41]。而或长烟一空[42]，皓月千里[43]，浮光跃金[44]，静影沉璧[45]，渔歌互答[46]，此乐何极[47]！登斯楼也，则有心旷神怡[48]，宠辱偕(xié)忘[49]，把酒临风[50]，其喜洋洋者矣。

嗟夫[51]！予尝求古仁人之心[52]，或异二者之为[53]，何哉？不以物喜，不以己悲[54]，居庙堂之高则忧其民[55]，处江湖之远则忧其君[56]。是[57]进[58]亦忧，退[59]亦忧。然则何时而乐耶？其必曰“先天下之忧而忧，后天下之乐而乐”乎[60]！

噫(yī)！微斯人，吾谁与归[61]？

时六年[62]九月十五日

词语解释

[1] 庆历四年：公元 1044 年。庆历：宋仁宗赵祯的年号。

[2] 滕子京谪守巴陵郡：滕子京降职任岳州太守。滕子京：范仲淹的朋友。谪守：被贬官、降职。

[3] 越明年：到了第二年，就是庆历五年（1045 年）。越：到了，及。

［4］政通人和：政事顺利，百姓和乐。政：政事。通：通顺。和：和乐。这是赞美滕子京的话。

［5］百废具兴：各种荒废的事业都兴办起来了。百：不是确指，形容其多。废：这里指荒废的事业。具：通“俱”，全，皆。兴：复兴。

［6］乃重修岳阳楼，增其旧制：乃：于是。增：扩大。制：规模。

［7］唐贤今人：唐代和宋代的名人。

［8］属予作文以记之：属：通“嘱”，嘱托，嘱咐。予：我。作文：写文章。以：用来，连词。记：记述。

［9］予观夫巴陵胜状：夫：指示代词，相当于“那”。胜状：胜景，好景色。

［10］衔远山，吞长江，浩浩汤汤：衔：衔接。吞：吞没。浩浩汤汤：水势壮阔的样子。

［11］横无际涯：宽阔无边。横：广远。际涯：边界。

［12］朝晖夕阴，气象万千：早晚阴晴多变化。朝：早晨。晖：日光。气象：景象。万千：千变万化。

［13］大观：雄伟景象。

［14］备：详尽，完备。

［15］然则：虽然如此，那么。

［16］南极潇湘：南面直到潇水、湘水。潇水是湘水的支流，湘水流入洞庭湖。

［17］迁客骚人：迁客：被贬谪流迁的人。骚人：诗人。战国时屈原作《离骚》，因此后人也称诗人为骚人。

［18］会：聚集。

［19］得无：恐怕，是不是。

［20］异：差别，不同。

［21］若夫：用在一段话的开头以引起下文，近似“至于”。下文的“至若”近似“像那”。

［22］淫雨霏霏：连绵不断的雨。

［23］开：解除，这里指天气放晴。

［24］号：呼啸。

［25］排空：冲向天空。

［26］隐曜：隐藏起光辉。曜：光辉。

［27］山岳潜形：山岳隐没了形体。潜：隐没。形：形迹。

［28］樯倾楫摧：桅杆倒下，船桨折断。樯：桅杆。倾：倒下。楫：船桨。摧：折断。

［29］薄暮冥冥：傍晚天色昏暗。薄：迫近。冥冥：昏暗的样子。

［30］斯：这，这里指岳阳楼。

［31］去国怀乡：离开国都，怀念家乡。去：离开。国：国都，指京城。去国：离开京城，也即离开朝廷。

［32］忧谗畏讥：担心（人家）说坏话，惧怕（人家）批评指责。忧：担忧。谗：谗言。畏：害怕，惧怕。讥：批评指责。

［33］萧然：萧条的样子。

［34］感极：感慨到了极点。

［35］至若春和景明：如果到了春天气候和暖，阳光普照。至若：至于。春和：春风和煦。景明：日光明媚。

［36］上下天光，一碧万顷：天色湖光相接，一片碧绿，广阔无际。

［37］翔集：时而飞翔，时而停歇。集：栖止，鸟停息在树上。

［38］锦鳞：指美丽的鱼。

［39］游泳：或浮或沉。

［40］岸芷汀兰：岸上与小洲上的花草。芷：香草的一种。汀：小洲，水边平地。

［41］青青：花叶繁盛的样子。

［42］而或长烟一空：有时大片烟雾完全消散。

［43］皓月千里：皎洁的月光照耀千里。

［44］浮光跃金：波动的光闪着金色。这是描写月光照耀下的水波。

［45］静影沉璧：静静的月影像沉入水中的璧玉。这里是写无风时水中的月影。璧：圆形正中有孔的玉。

［46］渔歌互答：渔人唱着歌互相应答。互答：一唱一和。

［47］何极：哪有穷尽。何：怎么。极：穷尽。

［48］心旷神怡：心情开朗，精神愉快。旷：开阔。怡：愉快。

［49］宠辱偕忘：荣耀和屈辱一并都忘了。宠：荣耀。辱：屈辱。偕：一起。

［50］把酒临风：端起酒来面对着风喝。把：持，执。临：面对。

［51］嗟夫：唉，语气词。

［52］予尝求古仁人之心：尝：曾经。求：探求。古仁人：古时品德高尚的人。心：思想感情（心思）。

［53］或异二者之为：或许不同于以上两种心情。二者：这里指前文的“悲”与“喜”。为：这里指心理活动。

［54］不以物喜，不以己悲：不因为外物的好坏和自己的得失而或喜或悲。以：因为。

［55］居庙堂之高则忧其民：在朝中做官则担忧百姓。庙：宗庙。堂：殿堂。庙堂：指朝廷。

［56］处江湖之远则忧其君：处在僻远的地方做官则为君主担忧。江湖：偏远的地方，指不在朝廷做官。

［57］是：这样。

［58］进：在朝廷做官。

［59］退：不在朝廷做官。

［60］其必曰“先天下之忧而忧，后天下之乐而乐”乎：那一定要说“在天下人担忧之前先担忧，在天下人享乐之后才享乐”吧。

［61］微斯人，吾谁与归：如果没有这样的人，那我同谁一道呢？微：没有。斯人：这样的人。谁与归：就是“与谁归”。归：归依。

［62］时六年：庆历六年（1046 年）。

古文今译

庆历四年的春天，滕子京被降职到巴陵郡做太守。到了第二年，政事顺利，百姓和乐，各种荒废的事业都兴办起来了。于是重新修建岳阳楼，扩大它原有的规模，把唐代名家和当代人的诗赋刻在它上面。嘱托我写一篇文章来记述这件事情。

我观看那巴陵郡的美好景色，全在洞庭湖上。它连接着远处的山，吞吐长江的水流，浩浩荡荡，无边无际，一天里阴晴多变，气象千变万化。这就是岳阳楼的雄伟景象。前人的记述已经很详尽了。虽然如此，那么向北面通到巫峡，向南面直到潇水和湘水，降职的官吏和来往的诗人，大多在这里聚会，他们观赏自然景物而触发的感情大概会有所不同吧？

像那阴雨连绵，接连几个月不放晴，寒风怒吼，浑浊的浪冲向天空；太阳和星星隐藏起光辉，山岳隐没了形体；商人和旅客不能通行，船桅倒下，船桨折断；傍晚天色昏暗，虎在长啸，猿在悲啼。这时登上这座楼啊，就会有一种离开国都、怀念家乡，担心人家说坏话、惧怕人家批评指责，满眼都是萧条的景象，感慨到了极点而悲伤的心情。

到了春风和煦、阳光明媚的时候，湖面平静，没有惊涛骇（hài）浪，天色湖光相连，一片碧绿，广阔无际；沙洲上的鸥鸟，时而飞翔，时而停歇，美丽的鱼游来游去；岸上的香草和小洲上的兰花，草木茂盛，青翠欲滴。有时大片烟雾完全消散，皎洁的月光一泻千里，波动的光闪着金色，静静的月影像沉入水中的玉璧，渔夫的歌声你唱我和地响了起来，这种乐趣真是无穷无尽啊！这时登上这座楼，就会感到心胸开阔、心情愉快，光荣和屈辱一并忘了，端着酒杯，吹着微风，那真是快乐高兴极了。

唉！我曾经探求古时品德高尚之人的思想感情，或许不同于以上两种人的心情，这是为什么呢？是由于不因外物好坏和自己得失而或喜或悲，在朝廷里做高官就应当心系百姓，处在僻远的江湖间也不能忘记关注国家安危。这样来说在朝廷做官也担忧，在僻远的江湖也担忧。既然这样，那么他们什么时候才会感到快乐呢？他们一定会说："在天下人忧之前先忧，在天下人乐之后才乐。"唉！如果没有这种人，那我同谁一道呢？

写于庆历六年九月十五日。

作者简介

范仲淹

字、号：字希文，谥号文正

籍贯：苏州吴县（今江苏苏州）

生卒年：989—1052

身份：北宋政治家、文学家

获荣誉称号：世称“范文正公”

代表作：《岳阳楼记》《渔家傲·秋思》《苏幕遮·怀旧》等；《范文正公集》

作品赏析

《岳阳楼记》是中国古代散文的经典名篇，写景语言美，思想境界高，深受历代读者喜爱。文章题名“岳阳楼记”，其实作者范仲淹并没有到过岳阳楼，而是根据好友巴陵郡太守滕子京寄来的岳阳楼画卷，发挥想象，挥笔写下了这篇千古名作。文章没有精雕细刻地去描写岳阳楼本身，而是选择了一个十分巧妙的角度——从岳阳楼上远观洞庭湖的气象。八百里的洞庭湖，烟波浩荡，作者驰骋才华和想象，描写了“迁客骚人”在阴晴两种天气下登临所看到的不同景色，以及由此引发的不同心情，进而上升到与“古仁人之心”的对比，最后文章由写景抒情自然转入议论，表现作者“不以物喜，不以己悲”的旷达胸襟，抒发“先天下之忧而忧，后天下之乐而乐”的人生抱负。中国古代正直文人这种“先忧后乐”的思想，直到今天依然值得我们学习和继承。

经典名句

不以物喜，不以己悲。
居庙堂之高则忧其民，处江湖之远则忧其君。
先天下之忧而忧，后天下之乐而乐。

诵读指引

《岳阳楼记》写景、抒情和议论相结合，语言骈（pián）散结合，音调铿锵，值得熟读甚至全文背诵。诵读时的基本要求是理解文章内容，理清难点字音，把握文中个别长句的正确停顿，如“居庙堂之高/则忧其民，处江湖之远/则忧其君。是/进亦忧，退亦忧。然则/何时而乐耶？其必曰‘先天下之忧/而忧，后天下之乐/而乐’乎”等。

具体来说，文章第一段是小序，交代文章写作的缘由，诵读时语调平稳，不做多余的情感投入。第二段总写巴陵胜景，其中以三字句、四字句较多，诵读时要注意使用合适的停顿和节奏以体现层次。第三、四段开始分写想象中的洞庭景色，注意四字句的节奏和停顿，诵读悲凉和喜悦的“览物之情”时要有明显的感情色彩对比，适当突出“若夫”“至若”等词的提领作用。第五段在议论中感情升华，朗读时要突出“先天下之忧而忧，后天下之乐而乐”等中心句。最后结尾段和写作时间的诵读语调舒缓，情感逐渐归于平静。

前赤壁[1]赋

T-8

（宋）苏轼

（绘图：2018 级马来西亚学生　林学瑾）

壬戌(rén xū)[2]之秋，七月既望[3]，苏子与客泛舟游于赤壁之下。清风徐[4]来，水波不兴[5]。举酒属(zhǔ)[6]客，诵明月之诗，歌窈窕(yǎo tiǎo)之章[7]。少(shǎo)焉[8]，月出于东山之上，徘徊于斗(dǒu)牛[9]之间。白露[10]横江[11]，水光接天。纵一苇(wěi)之所如，凌(líng)万顷之茫然[12]。浩浩乎如冯(píng)虚御风[13]，而不知其所止；飘飘乎如遗世独立[14]，羽化而登仙。

于是饮酒乐(lè)甚，扣舷(xián)[15]而歌之。歌曰："桂棹(zhào)兮兰桨[16]，击空明兮溯(sù)流光[17]。渺渺兮予怀[18]，望美人[19]兮天一方。”客有吹洞箫者，倚歌而和(hè)之[20]。其声呜呜然，如怨如慕，如泣如诉[21]；余音[22]袅袅(niǎo)[23]，不绝如缕[24]。舞幽壑(hè)之潜蛟(jiāo)[25]，泣孤舟之嫠(lí)妇[26]。

苏子愀(qiǎo)然[27]，正襟危坐[28]，而问客曰：“何为其然也[29]？”客曰：“‘月明星稀，乌鹊南飞[30]。’此非曹孟德[31]之诗乎？西望夏口[32]，东望武昌[33]，山川相缪(liáo)[34]，郁乎苍苍[35]，此非孟德之困于周郎[36]者乎？方[37]其破荆州[38]，下江陵[39]，顺流而东也，舳舻(zhú lú)[40]千里，旌(jīng)旗蔽空，酾(shī)酒[41]临江，横槊(shuò)[42]赋诗，固一世之雄也，而今安在哉？况吾与子渔樵(qiáo)于江渚之上，侣鱼虾而友麋(mí)鹿[43]，驾一叶之扁舟[44]，举匏(páo)樽[45]以相属(zhǔ)。寄[46]蜉蝣(fú yóu)[47]于天地，渺沧海之一粟(sù)[48]。哀吾生之须臾(yú)[49]，羡长江之无穷。挟(xié)[50]飞仙以遨游，抱明月而长终[51]。知不可乎骤(zhòu)[52]得，托遗响[53]于悲风[54]。”

苏子曰：“客亦知夫(fú)水与月乎？逝者如斯[55]，而未尝往也；盈虚者如彼[56]，而卒[57]莫消长(zhǎng)[58]也。盖将自其变者而观之，则天地曾(zēng)[59]不能以[60]一瞬[61]；自其不变者而观之，则物与我皆无尽也，而又何羡乎！且夫天地之间，物各有主[62]，苟非吾之所有，虽[63]一毫而莫取。惟江上之清风，与山间之明月，耳得之而为声，目遇之而成色，取之无禁，用之不竭。是[64]造物者[65]之无尽藏(zàng)[66]也，而吾与子之所共适[67]。”

客喜而笑，洗盏更酌(zhǎn gēng zhuó)[68]。肴(yáo)核既尽[69]，杯盘狼籍(jí)[70]。相与枕藉(jiè)[71]乎舟中，不知东方之既白[72]。

词语解释

[1] 赤壁：原应指三国时期曹操、刘备、孙权赤壁大战的所在，但这篇文章中的赤壁据考证并非当年的战场。因苏轼文名盛大，现在称湖北黄冈市黄州区的赤壁为“文赤壁”。元丰五年，苏轼于农历七月十六和十月十五两次泛游赤壁，先后写下了两篇以赤壁为题的赋，后人称第一篇为《前赤壁赋》，第二篇为《后赤壁赋》。

[2] 壬戌：宋神宗元丰五年（1082年），岁在壬戌。

[3] 既望：农历十六日。

[4] 徐：舒缓地。

[5] 兴：起，作。

[6] 属：通“嘱”，致意，此处引申为“劝酒”“敬酒”的意思。

[7] 诵明月之诗，歌窈窕之章：这里指的是《诗经·陈风·月出》一诗，这首诗望月怀念美人，诗歌意境迷离忧伤。诗中的“窈纠”意思同于“窈窕”。

[8] 少焉：一会儿。

[9] 斗牛：星座名，即斗宿（南斗）、牛宿。

[10] 白露：白茫茫的水汽。

[11] 横江：笼罩江面。横：横贯。

[12] 纵一苇之所如，凌万顷之茫然：任凭这条小船随意飘荡，越过迷茫宽广的江面。纵：任凭。一苇：像一片苇叶那么小的船，比喻极小的船。如：往，去。凌：越过。万顷：形容江面极为宽阔。茫然：旷远的样子。

[13] 浩浩乎如冯虚御风：广阔浩荡啊，像凌空驾风而行。冯虚御风：凌空乘风而行。冯：同“凭”，乘。虚：太空。御：驾驭。

[14] 遗世独立：遗弃尘世，独自存在。

[15] 扣舷：敲打着船边，指打节拍。舷：船的两边。

[16] 桂棹兮兰桨：桂树做的棹啊，兰木做的桨。

[17] 击空明兮溯流光：击打着月光下清澈的水，追赶着不断闪动的月光。空明：月色下清澈的江水。溯：逆流而上。流光：水波上闪动的月光。

[18] 渺渺兮予怀：即“予怀兮渺渺”，我的心思飘得很远很远。渺渺：悠远的样子。

[19] 美人：比喻自己美好的理想或者是怀念向往的人。
[20] 倚歌而和之：按照歌曲的节拍应和。倚：随，循。和：应和，唱和。
[21] 如怨如慕，如泣如诉：像是哀怨，像是思慕，像是啜泣，像是倾诉。
[22] 余音：尾声。
[23] 袅袅：形容声音婉转悠长。
[24] 缕：细丝。
[25] 舞幽壑之潜蛟：使潜藏在深谷的蛟龙起舞。幽壑：这里指深渊。
[26] 泣孤舟之嫠妇：使孤舟上的寡妇伤心哭泣。嫠：寡妇。
[27] 愀然：形容神色变得严肃或不愉快。
[28] 正襟危坐：整理衣襟，严肃地端坐着。危坐：端坐。
[29] 何为其然也：（箫声）为什么会这样（悲凉）呢？
[30] 月明星稀，乌鹊南飞：这里引用曹操《短歌行》中的诗句。
[31] 曹孟德：曹操，字孟德。
[32] 夏口：今湖北汉口。
[33] 武昌：今湖北鄂城，不是现在的武昌。
[34] 缪：通“缭”，盘绕。
[35] 郁乎苍苍：树木茂密，一片苍绿。郁：茂盛的样子。
[36] 周郎：吴国将领周瑜。汉献帝建安十三年（208 年），周瑜率军在赤壁击败曹操 80 万大军。
[37] 方：当。
[38] 荆州：在今湖北。东汉时刘表占据荆州，治所在襄阳。
[39] 江陵：今湖北荆州。
[40] 舳舻：指战船。
[41] 酾酒：滤酒，这里是斟酒的意思。
[42] 横槊：横拿着长矛。
[43] 侣鱼虾而友麋鹿：以鱼虾为伴侣，以麋鹿为朋友。侣：以……为伴侣，意动用法。麋：鹿的一种。
[44] 扁舟：小舟。
[45] 匏樽：用葫芦做成的酒器。匏：葫芦。樽：酒杯。
[46] 寄：寓托。
[47] 蜉蝣：一种朝生暮死的小虫。此句比喻人生的短暂。
[48] 渺沧海之一粟：此句比喻人类的渺小。渺：小。沧海：大海。
[49] 须臾：片刻，时间极短。
[50] 挟：携带，携同。
[51] 长终：长存永远。
[52] 骤：多次。
[53] 遗响：余音，指箫声。
[54] 悲风：秋风。
[55] 逝者如斯：时间就像这流水啊。这句话来自《论语》：“子在川上曰：‘逝者如斯

夫，不舍昼夜。’”逝：往。斯：此，指流水。

[56] 盈虚者如彼：圆和缺的就像月亮。盈：满。虚：空。彼：那个，指月亮。

[57] 卒：最终。

[58] 消长：增减。

[59] 曾：语气副词，竟。

[60] 以：用。

[61] 一瞬：一眨眼的工夫。

[62] 主：主宰。

[63] 虽：即使。

[64] 是：这。

[65] 造物者：天地自然。

[66] 无尽藏：无穷无尽的宝藏。

[67] 共适：共享。

[68] 更酌：再次饮酒。

[69] 肴核既尽：菜肴和果品都吃完了。既：已经。

[70] 狼籍：凌乱的样子。

[71] 枕藉：相互枕着垫着。

[72] 既白：已经显出白色（指天明了）。

古文今译

壬戌年的秋天，农历七月十六日，我与友人在赤壁下泛舟游玩。清风阵阵吹来，水面波澜不起。举起酒杯向同伴劝酒，吟诵“明月”的诗篇，歌唱“窈窕”的乐章。不一会儿，明月从东山上升起，在斗宿与牛宿之间来回移动。白茫茫的水气横贯江面，水光连着天边。放纵一片苇叶似的小船随意漂荡，越过万顷广阔的茫茫江面。浩浩荡荡啊，好像乘风凌空而行，也不知道会停在哪里，飘飘摇摇啊，好像要离开尘世而独立，生出翅膀变成了神仙。

这时，酒喝得非常高兴，就敲着船舷唱起歌来。歌中唱道：“桂木船棹啊香兰船桨，击打着月光下的清波，追寻着闪动的月光。我的情思啊悠远茫茫，远望美人啊在天的另一方。”友人中有会吹洞箫的，配着歌声伴奏，箫声呜呜咽咽，像哀怨又像思慕，像啜泣又像倾诉，余音在江上回荡，像细丝一样连续不断。能使潜藏在深谷中的蛟龙起舞，能使孤舟上的寡妇哭泣。

我的神色也严肃起来，整好衣襟坐直身子，向友人问道：“箫声为什么这样哀怨呢？”友人回答：“‘月明星稀，乌鹊南飞’，这不是曹孟德的诗吗？这里向西可以望到夏口，向东可以望到武昌，山河相互连接，一片郁郁苍苍。这不正是曹孟德被周瑜围困的地方吗？当初他攻破荆州，夺下江陵，顺着长江一路向东，战船相连千里，战旗遮蔽天空，面对大江斟酒，横握长矛吟诗，真是当世的一位英雄啊——然而如今又在哪里呢？何况我与您只能在江中的小洲上打鱼砍柴，以鱼虾为伴侣，以麋鹿为朋友，乘着一片叶子似的小船，举起葫芦杯来相互敬酒，寄存短暂如蜉蝣的生命在天地中，渺小得就像沧海中的一粒粟米。哀叹我们的一生是多么短暂，羡慕长江是那么没有穷尽。想携同仙人一起漫游四方，想拥抱明月而永存世间。可是知道这些最终不可能实现，只得把悲凉的箫声寄托在秋风中。”

我说：“您也知道这水与月亮吗？流走的就像这日夜不停的江水，但江水并没有完全流走；时圆时缺的就像这月亮，但最终还是没有增减。如果从事物易变的一面来看，天地间万物竟连一眨眼的工夫都没有停止；从事物不变的一面来看，万物和我们都是没有穷尽的，又有什么其他的可羡慕呢？而且天地之间，万物各有主宰，如果不是我自己应该拥有的，即使一分一毫也不能求取。只有江上的清风和山间的明月，耳朵听到便成了声音，眼睛看到就有了颜色，取得这些不会有人禁止，感受这些不会有用尽的担忧。这是大自然给予我们的没有穷尽的宝藏，我和你可以共同享受。”

友人高兴地笑了，洗净酒杯重新斟酒。菜肴果品都已吃完，杯子盘子杂乱一片。大家互相枕着睡在船上，不知不觉中东方已经发白。

作者简介

苏　轼

字、号：字子瞻，号东坡居士

籍贯：眉州眉山（今四川眉山）

生卒年：1037—1101

身份：宋代文学家、书法家、画家

获荣誉称号：“唐宋八大家”之一；追赠太师，谥号“文忠”

代表作：诗文《赤壁赋》《题西林壁》等；词作《水调歌头·明月几时有》《念奴娇·赤壁怀古》等

作品赏析

《前赤壁赋》是苏东坡被贬至湖北黄州时期写的一篇文赋。当时的苏东坡正身处逆境，但他并未意志消沉，而是以乐观旷达的态度对待生活。虽然人生短暂，“哀吾生之须臾，羡长江之无穷”，但苏东坡希望能抓住当下，享受清风明月给予的种种美好。文章的第一段写景，以江上风光和赤壁故事为中心来描绘四周景色，反映了作者超然旷达的性格。第二段写作者饮酒放歌的欢乐和友人箫声的悲凉，情绪转入低沉。第三段，借友人的疑问表达政治失意时作者自己内心的苦闷与迷惘。第四段说理议论，借历史陈迹、历史人物来表达对人生与天地“变”与“不变”的哲理思考：天地万物各有其主，个人不能强求。而江上的清风、山间的明月却是造物主的无尽宝藏，无私地提供给世人享用。第五段写大家一起开怀畅饮直到天亮的超然和洒脱。

这篇文章虽名曰“赋”，在开头和结尾都有短小的叙事，中间也安排了主客问答，但全篇没有堆砌华丽的辞藻，而是用比较自由的句式来写有韵的散文。全文抒情、写景、说理相融合，于诗情画意中寓含人生的哲理，于韵脚的不断变换中表达作者情感的低落和最终的豁达乐观。

经典名句

清风徐来，水波不兴。

白露横江，水光接天。纵一苇之所如，凌万顷之茫然。浩浩乎如冯虚御风，而不知其所止；飘飘乎如遗世独立，羽化而登仙。

其声呜呜然，如怨如慕，如泣如诉；余音袅袅，不绝如缕。

舞幽壑之潜蛟，泣孤舟之嫠妇。

哀吾生之须臾，羡长江之无穷。

诵读指引

这篇《前赤壁赋》特别适合诵读，极富声韵之美，诵读时可以有感情地反复诵读。

第一段主要交代了时间、地点、人物和活动，诵读时语调要自然，语速平缓，表现出苏轼月夜泛舟的从容不迫和逍遥自在。其中“白露横江，水光接天。纵/一苇之所如，凌/万顷之茫然。浩浩乎/如冯虚御风，而不知其所止；飘飘乎/如遗世独立，羽化/而登仙”为经典的景色描写，诵读时可通过字音重读、适当的句内停顿予以表现，使人有身临其境之感。

第二段中描写洞箫之声：“其声/呜呜然，如怨如慕，如泣如诉；余音袅袅，不绝如缕。舞/幽壑之潜蛟，泣/孤舟之嫠妇”，诵读时注意“慕”“诉”“妇”都有相同的韵脚，对偶句“舞/幽壑之潜蛟，泣/孤舟之嫠妇”要有不同的语势变化。

第三段转入主客问答，诵读时要读出两个疑问句的疑问语气：“此非曹孟德之诗乎？”“此非孟德之困于周郎者乎？”，因为这实际上是作者心中的疑问。文中描写曹操赤壁大战的功业时，三字、四字的短句较多，“方其破荆州，下江陵，顺流而东也，舳舻千里，旌旗蔽空，酾酒临江，横槊赋诗，固一世之雄也”，诵读时语速可以稍微加快，慷慨激昂，与后面的“而今安在哉?”形成一个感情上的跌宕，体现出苏轼内心的苦闷与迷惘。

第四段说理议论，语速平缓，注意读出“自其变者而观之”和“自其不变者而观之”的不同结果，对“且夫”“苟”“虽”“惟”等连接词要读得清楚而自然，使得文意更加显明。

结尾处作者的情感从低落走向乐观，诵读时语调自然，最后一句“不知东方之既白”语速稍缓，给人以回味和沉思。

中庸[1]（节选）

T－9

天命[2]之谓性，率性[3]之谓道，修道之谓教。

道也者，不可须臾离也，可离，非道也。是故君子戒慎（shèn）[4]乎其所不睹[5]，恐惧乎其所不闻[6]。莫见（xiàn）乎隐[7]，莫显乎微，故君子慎其独也。

喜怒哀乐之未发谓之中（zhōng），发而皆中（zhòng）节[8]谓之和。中也者，天下之大本也；和也者，天下之达道也。致中和，天地位焉，万物育焉。

（绘图：2019级泰国学生　王月华）

词语解释

［1］中庸：据朱熹注，中庸是不偏不倚、无过无不及之意。
［2］天命：天所赋予的。
［3］率性：遵循本性的。
［4］戒慎：戒备谨慎，小心。
［5］不睹：看不到的地方。
［6］不闻：听不到的事情。
［7］莫见乎隐：没有什么比隐藏的地方更清楚。莫：没有什么比……更……。见：通“现”，显现，清楚。
［8］中节：符合法则。中：合乎，符合。节：法则，法度。

古文今译

上天给予人的就是天性，遵循天性的就是道，修明道的准则就是教。道是一刻也不能离开的，如果离开了的，那就不是道。所以，君子在无人看见的地方也是小心谨慎的，在无人听见的地方也是恐惧敬畏的。没有什么比隐藏的地方更清楚，没有什么比微小的更明显，所以君子在独处时一定要谨慎敬畏。

喜怒哀乐的情感没有表现出来时，就是中；表现出来后符合法则，就是和。中是天下最根本的；和是天下共同的大道。如果把中和推到最高的极致，那么天地就会各安其位，万物就会生长发育。

作品赏析

《中庸》是《礼记》中的一篇，相传是孔子的孙子、春秋战国时儒家学派的主要代表人物子思所作，后被选入“四书”。本节是《中庸》的第一部分，是重要的片段之一。

开篇论述性、道、教的关系，这是儒家文化最重要的几句话。人性本善，因为这是上天给予人的本性；人们只要按照人的本性来做事，就会符合道了。但是由于每个人各不相同，有的人做得过分一些，有的人做得还不够，所以圣人就要制定出关于道的规则、准则，这就是教育、教化了。

第二段论述君子和道的关系。道在人的心中，时时刻刻都不能离开。所以，君子一定要小心谨慎，尤其是没有人看见、听见自己的时候，也就是一个人独处的时候。当一个人独处的时候，自以为没有人知道，就不想遵循道的法则，这个时候最容易出现不好的想法，然后做错事。所以，君子要“慎独”，意思就是独处时，对自己的行为一定要更加小心谨慎。

第三段论述中、和的道理。人的天性是上天给予的，所以在内心没有表现出来的时候就是“中”。当我们把内心的情感表现出来，又刚好符合万物的法则与法度，那么这就是“和”。中和能够让天地和万物各得其所，一切都有秩序。

经典名句

天命之谓性，率性之谓道，修道之谓教。

君子慎其独也。

诵读指引

这是一篇带有哲学思想的短文，朗读基调要自信，语气铿锵有力。注意节奏，节奏如下：

《中庸》节选

天命/之谓性，率性/之谓道，修道/之谓教。

道/也者，不可/须臾/离也，可离，非道/也。是故/君子戒慎乎/其所不睹，恐惧乎/其所不闻。莫见/乎隐，莫显/乎微，故/君子慎其独也。

喜怒哀乐/之未发/谓之/中，发/而皆中节/谓之/和。中/也者，天下/之大本也；和/也者，天下/之达道也。致/中和，天地/位焉，万物/育焉。

大道之行也

T－10

大道[1]之行[2]也，天下为[3]公。选贤与(jǔ)[4]能，讲信修[5]睦(mù)，故人不独亲[6]其亲，不独子其子，使老有所终，壮[7]有所用，幼有所长(zhǎng)，矜(guān)[8]寡(guǎ)孤[9]独[10]废疾[11]者皆有所养，男有分(fèn)[12]，女有归[13]。货恶(wù)[14]其弃于地也，不必藏[15]于己；力恶其不出于身也，不必为己。是故[16]谋闭而不兴[17]，盗窃乱贼而不作[18]，故[19]外户[20]而不闭[21]，是谓[22]大同[23]。

（绘图：2018 级印度尼西亚学生　谢承良）

词语解释

［1］大道：指政治上的最高理想。
［2］行：施行。
［3］为：是，表判断。
［4］与：通“举”，选举。
［5］修：培养。
［6］亲：意动用法，以为亲，亲近。
［7］壮：青壮年。
［8］矜：通“鳏”，指老而无妻的人。
［9］孤：幼而无父的人。
［10］独：老而无子的人。
［11］废疾：残疾人。
［12］分：职分，指职业、职守。
［13］归：指女子出嫁。
［14］恶：憎恶。
［15］藏：私藏。
［16］是故：因此。
［17］谋闭而不兴：做坏事的念头就会杜绝而不兴起。闭：杜绝。兴：兴起。
［18］作：发生。
［19］故：所以。
［20］外户：外面的大门。
［21］闭：把门闩插上。
［22］谓：叫作。
［23］大同：指儒家的理想社会。

古文今译

大道施行的时候，天下为全体人民所公有，选举贤德和有才能的人，讲求诚信，培养和睦的气氛。所以人们不只是敬爱自己的父母，不只是疼爱自己的子女（更能博爱众人），使老人们都能安度晚年，青壮年都能服务社会，儿童们都能健康成长，使老而无妻的人、老而无夫的人、幼而无父的孩子、老而无子的人、残疾人都能得到供养。男人们都有自己的职务，女人们都有自己的归宿。反对将各种物资丢在地上没有合理利用，并不一定要占为己有；人们都愿意为公众之事竭尽全力，并不一定是为了自己的私利。因此，做坏事的念头就会杜绝而不兴起，盗窃、造反和害人的事情就不会发生。所以只用关上外门挡挡风寒而不用插上门闩，这就叫作理想社会。

作品赏析

本文节选自《礼记·礼运》。《礼记》是儒家重要的经典之一，传统说法认为《礼记》又名《小戴礼记》，为西汉的戴圣所编定辑录，后由东汉的郑玄做注，唐代的孔颖达做疏。《礼记》共49篇，是战国秦汉间儒家学者的短篇汇编，主要讲述礼的作用和意义。

《礼记·礼运》是一篇结构比较完整的儒家论文，它借孔子之口描绘了“小康”和“大同”两种不同的社会形态。其中的“大同”世界是天下为大家所公有，贤能之人得到选拔，人们互相关爱，和睦相处，大家各尽所能，安居乐业，社会一片和谐。“大同”世界是儒家对理想社会制度的设计，反映了古代人们对美好而公正的社会的无限向往，是两千多年前的中华古代圣贤留给我们今人的思想财富。

经典名句

大道之行也，天下为公。

故人不独亲其亲，不独子其子，使老有所终，壮有所用，幼有所长，矜寡孤独废疾者皆有所养。

诵读指引

诵读这篇短文，最重要的是要理解其中所描绘的“大同”理想。在诵读时注意通假字和难点字的读音，同时做好一些长句的断句，比如：

货/恶其弃于地也，不必/藏于己；力/恶其不出于身也，不必/为己。是故/谋闭而不兴，盗窃乱贼而不作，故/外户而不闭，是谓/大同。

MPR 出版物链码使用说明

本书中凡文字下方带有链码图标“══”的地方，均可通过“泛媒关联”App 的扫码功能或“泛媒阅读”App 的“扫一扫”功能，获得对应的多媒体内容。

您可以通过扫描下方的二维码下载“泛媒关联”App、“泛媒阅读”App。

“泛媒关联”App **链码扫描操作步骤：**

1. 打开“泛媒关联”App；
2. 将扫码框对准书中的链码扫描，即可播放多媒体内容。

“泛媒阅读”App **链码扫描操作步骤：**

1. 打开“泛媒阅读”App；
2. 打开“扫一扫”功能；
3. 扫描书中的链码，即可播放多媒体内容。

扫码体验：

竹里馆　　　春夜洛城闻笛